To OM

(하느님께.. 완작했습니다.)

민중의 붉은 별

2023

한 젊은 남자가 서 있었다. 그는 관청에 걸린 무언가를 계속 보고 있었다. 관청에는 과거 합격자 명단을 게시했다.

그 남자는 계속 서 있었다.

옆에서 사람들이 지나가며 말했다.

"이번에도 서주(西州)에는 한 명도 합격자가 없구먼…."

그 남자는 움직일 줄을 몰랐다.

어느덧 사람들의 왕래가 사라지고 그 남자만 과거 합격자 명단을 보고 있었다.

비가 내렸다.

부슬부슬

그때 한 남자가 그 남자에게 다가왔다.

"형님, 이제 그만 들어가시지요."

그 남자는 부드러운 미소를 지었다.

"그래. 아무래도 상념이 그리고 번뇌가 많아진 것일 테지. 들어가자."

두 명의 남자는 자리를 옮겼다.

"형님 실력은 천하가 알아줘도 무방합니다. 그런데 눈먼 시험 관리관이라는 놈들은 눈이 있으나 형님의 식견을 모르니, 답답할 노릇이지요.

형님, 이제 조정에 가서 뜻을 펼치려는 시도는 그만두올시다."

그 남자는 말했다.

"권력을 원한 것은 아니다. 그러나 천하의 민중을 위해, 내가 가진 정책들을 펼 수 있다면, 만족할 수 있으련만….

하늘은 내게 시련을 주셨다.

하늘이 주신 잔을 어찌 받지 않겠단 말이냐.

익비, 한잔하자."

그리고 남자는 술 한 잔을 마셨다.

술잔이 몇 번 돌았다.

익비는 약간 상기된 듯했다.

그리고 격한 어조로 말했다.

"형님, 조정의 세도가들이 그들의 권력을 대물림하며, 호의호식하며, 우리에게는 서주 촌놈이라고 손가락질합니다.

그들의 권력 놀음과 그들끼리의 권력 쟁투가 첫째고 민생은 둘째이니 어찌 참을 수 있겠습니까.

제 대도(大刀)는 저들을 향해 있지만, 머리를 벨 수 없는 게 한이올시다.

세도가 놈들에게 몇만 냥 바치면, 감투 하나 얻을 수 있으니, 형님 공자 왈 맹자 왈은 허례허식이올시다."

그 남자는 말했다.

"대도(大道)가 어찌 내게 있겠나 형제여."

익비는 무슨 말인지 이해하지 못했다. 형님이 취했으려니 여겼다.

익비가 말했다.

"권력자 놈들을 봤지만, 형님 같은 분은 못 봤소. 주자가 어떻고 이가 어떻고 기가 어떻고 듣자니, 좀이 쑤실 지경이오.

쥐 같은 머리를 돌리며, 재산 불리기에 여념이고, 어떻게 상대방을 이기려는지만 돌아가는 망할 머리통들을 보자니 술도 안 넘어가는구려."

그 남자는 말했다.

"익비, 이 말을 기억하게나. 정치의 도는 민본(民本)이다. 민이 있어야 정치가 있고, 민이 있어야만 정치는 의미를 가지는 것이다.

그러나 주객이 전도되어, 지배하고 관리하니, 세상에 순리가 아닌 역리가 있는 것이다."

익비는 말했다.

"형님. 저는 배운 게 없어서 이해하기 어렵습니다. 그러나 저는 검으로 말하는 남자올시다.

형님을 따르고 형님 가시는 길 같이 가겠습니다."

그 남자는 말이 없었다.

다음 날, 그 남자는 책 한 권을 꺼냈다.

'예로부터 천자는 하늘의 아들이라 칭해왔다. 그러나 실력이 뛰어나고, 명망이 높으면 나라를 얻을 수 있으니, 천자라 할 수 있는가….

하늘에게 묻습니다. 그럼 도적도 칼이 강하면 왕이 될 수 있단 말

입니까⋯.'

그렇지만 아무 대답도 들리지 않았다.

그 남자는 속으로 말했다.

'주자학에 능하고 시문을 잘 지으면 관료가 되고, 노비의 아들로 태어나 평생 일만 하며 보수조차 받지 못하는 게 하늘의 뜻입니까?'

그렇지만 역시 아무 대답도 들리지 않았다.

여보게 나그네. 봇짐 지다 괴롭더라.

이놈 저놈 명령 듣고,

상놈 소리 듣자오니,

인간인지 모르겠소.

시원한 바람 한 잔 하고 가게.

밝은 청풍명월 보고 쉬었다 가게.

고된 하루 보내면서 단잠은 하늘의 선물일세.

煥(불꽃 환)은 가사를 짓고 씁쓸히 웃었다.

가난하다고 착할 텐고,

부자라고 미울 텐고,

위에나 아래나 자기 뱃속 제일이라.

진세 속에 헤메이며,

빛을 찾아 헤메오나,

어둠은 하늘을 가리고,

땅은 불타올라.

배고픔이 제일이고

예의는 둘째더라.

하지만 깊은 사람 마음에 아름다운 정이 있더라.

웃고 우는 모습속에 아름다움 있더라.

영웅이 건국하고

사람들 몰려들어,

영웅에 아부하고

밑에서 권세 나눠.

영웅 자손 대대손손, 호의호식 자랑할세.

국가인지 기업인지,

누굴 위한 건국인가.

바깥에서 들어와서, 국민들 통치하니,

신음은 하늘에 올라가고,

고통은 사무쳤더라.

여자들을 잡아가고, 남자들을 징용시켜.

바깥 나라 천황에게 앞다투어 충성 맹세.

국혼은 오염되고, 모두들 숨죽였네.

영웅이 일어나나, 바깥보다 더했더라.

굶주림에 시체가 북방의 들판에 널려져.

천황에게 충성 맹세한 자가 남방에서 총칼 들어

국민을 통치했네.

돈이 우선인가 인정이 우선인가.

만인에게 물어보면

돈이 제일이라.

주객이 전도되어 망국지화 불붙더라.

불꽃이 남방에 일어났으나,

들판은 싸늘했네.

불꽃은 인정이 많았더라.

너무 멀리 봤던 그의 식견 알지 못해.

여럿이 작당하여, 밀고하고 고소했네.

푼돈 몇 푼 어찌 죄일쏘냐.

불꽃이 하강하고,

연기가 피어올라.

많은 이가 눈물짓고,

전설이 되었더라.

언젠가 들판에 비가 내려 새싹들 자라 꽃을 피우리.

한편 서주에서는 한 날카로운 눈빛을 한 남자가 걷고 있었다. 그의 팔에는 책 몇 권이 들려 있었다. 그 남자는 체구는 작았으나 눈빛은 칼처럼 어딘가를 주시하고 있었다.

그 남자를 보며 동네 아낙들이 말했다.

"저 남자는 분명 무언가 씌운 게요. 매일 저렇게 날카로운 눈으로 다니니, 뭔 일 나겠어."

"그러게 말이오. 대체 어떤 양반이 낳았는지, 매일 저러고 다닐세요."

"여보게 김 아낙, 저 남자가 무슨 책을 저렇게 읽는 게요?"

"아마, 예전 역사와 병서랍디다."

"그렇군요."

그 날카로운 눈빛을 한 남자의 이름은 사책(砂柵, 모래 성채)이었다.

사책은 허름한 자신의 방에 들어왔다.

각종 병서가 가득 나열되어 있었다.

그는 병법에 미친 사람이었다. 밤낮으로 병법과 고서 그리고 전쟁을 연구했다.

그렇지만 그의 집안은 몰락 양반이었고, 그는 근근히 생활만 이어나가야 하는 가난한 삶을 살아야 했다.

그는 돈이 모자라면, 근처 공사장에서 목수 일을 하고 돈을 모은 채로 다시 집에 와서 병서를 읽었다.

하늘은 그에게 기회를 주지 않는 것일까?

익비는 환이 어떤 길로 갈지 궁금해했다.

또다시 고리타분한 유학 서적을 읽으며 조정의 과거를 볼 것인지, 아니면 다른 꿈을 꾸는지….

익비는 마을을 지나고 있었다.

그때 사람들이 모여서 시끌벅적하는 것이 보였다.

관병 몇이서 늙은 노인을 닦달하고 있었다.

익비는 가까이 가서 들었다.

관병이 말했다.

"네놈 아들 어디다 뒀어?"

그 노인이 말했다.

"아이고, 나으리. 모르는 일이옵니다, 정말 모르는 일이옵니다."

관병이 말했다.

"병역 면탈하려고, 어디로 도망간 거야? 이 쌍놈의 자식."

노인의 표정은 분개했으나, 힘없이 고개를 떨구었다.

노인의 눈에서는 눈물이 흘러내렸다.

관병이 검을 뽑았다.

"즉결 처형을 해야겠다. 애비가 뒤져도, 아들 새끼가 안 나오나 보자."

관병은 사실 노인을 죽일 마음은 없었다. 주변에 병역면탈자를 잡으려고 그런 과격한 흉내를 낸 것이었다.

사람들이 웅성거렸다.

익비는 참을 수 없어서, 대도를 뽑아 달려들었다.

순식간에 관병 두 명의 목이 떨어졌다.

사람들은 놀라서 달아났다.

익비도 겁이 덜컥 났다.

관병을 죽인 사실이 알려지면, 잡히면 참형이다. 이대로 있으면 안 되었다.

익비는 환의 집으로 달려간다.

한편 관부에서는, 누군가 관병 둘을 죽인 것을 알고 병사들을 보내어 익비를 잡게 한다.

거리에는 익비의 초상화가 걸렸고, 현상금도 걸렸다.

익비는 환에게 말했다.

"형님, 제가 의기를 참지 못하고, 관병 둘을 베었습니다."

환이 말했다.

"어찌 된 일인지 말해보아라."

익비가 말했다.

"관병 두 놈이 노인을 막 대하는 것을 보고, 참지 못해 검을 뽑았습니다."

환이 말했다.

"일단 우리 집에 있게. 자네 집으로 가면 위험하네."

환은 노복에게 시정 상황을 알아봐 달라고 했다.

노복은 바깥에 갔다가 돌아와서 말했다.

"나으리. 지금 익비를 잡는다고, 난리도 아닙니다. 초상화가 저자 거리에 붙어 있고, 관병들이 사람들을 수색하고 있습니다."

환은 안채에 익비를 숨겼다. 아녀자들이 쓰는 방이었는데, 그곳 에 머물게 한 것이다.

익비를 숨기자마자, 관병들이 환의 집 대문을 두드렸다.

"관가에서 왔다. 문을 열어라."

노복이 문을 열었다.

관병들은 물었다.

"여기 범인이 있는지 조사를 해야겠다."

그리고 집안을 샅샅이 뒤졌다.

익비는 안채에서 검을 잡은 채로 바깥의 소리를 듣고 있었다.

관병들이 안채로 들어가려는 찰나, 환이 말했다.

"그곳은 내 부인이 있는 곳이오. 지금 임신 중이라 거동이 불편하 오. 그렇게 들어가면 아이가 놀라 낙태될 수도 있소이다."

관병들은 그 말을 듣고 양심은 있는지, 천천히 안채를 열었다.

규방에 수놓은 이불만이 덮여 있었다.

환이 말했다.

"이 사람은 내 아내요. 지금 임신 중이라 산고가 심하오. 여기까 지만 수색했으면 좋겠소."

관병들도 규방의 수놓아진 이불을 보고, 여자이려니 하며 문을 닫았다.

그리고 관병들은 환의 집을 나갔다.

환은 규방에 들어가 말했다.

"여기 있으면 위험하다. 오래 머물 곳이 아니다. 수색이 뜸해지면, 산채로 피신하라.

뒤에 귀검산(鬼劍山)이 있다. 그곳에 구혼(求魂)이 머물고 있다.

그곳으로 피신하라."

익비는 말했다.

"알겠습니다. 형님."

그렇게 밤이 되었다. 기다림은 정말 시간이 느리게 가는 일인지도….

관병들의 분주함도 사그라들고, 그렇게 며칠이 지났다.

새벽 4시경 익비는 검 하나를 찬 채로 환의 집을 나선다. 귀검산을 향하여….

으슥한 새벽, 풀잎에는 이슬방울이 맺혀 있었다. 익비는 대도를 하나 찬 채로 산으로 올라갔다.

그때 커다란 나무가 보였다. 300년은 더 된 나무 같았다.

익비는 생각 없이 나무를 지나치려 했다.

그때 한 노래가 나무 위에서 들려왔다.

"한 놈이 올라오면, 무덤이 한 개.

두 놈이 올라오면, 무덤이 두 개.

이번엔 무덤이 하나인가."

익비는 눈을 들어 나무 위를 보았다.

나무 위에는 한 남자가 칼을 등에 메고 있었다.

익비는 공손하게 말했다.

"제가 사정이 있어서 귀하의 산채에 의탁하러 왔소. 환 형님의 편지 또한 가지고 왔소이다."

그러자 나무에서 한 남자가 뛰어내렸다.

그는 말했다.

"나는 사귀(肆貴)라고 하오. 두목께로 안내하겠소."

두 남자는 산길을 따라 걸어 올라갔다.

익비는 산으로 올라가며, 여러 매복을 훑어보았다.

여러 검진이 구성되어 있었고 위장으로 덮여 있었다.

그냥 사람들의 눈에는 자연물로 보였겠지만, 익비의 눈에는 매복해 있는 검사들의 氣가 보였던 것이다.

그렇게 한참을 올라가자, 작은 집 하나가 보였다.

한 남자가 마당에서 진검을 들고 수련을 하고 있었다.

삼매경에 빠져서….

사귀는 뒤에서 공손히 대기했다.

사귀가 익비에게 말했다.

"저분이 바로 우리의 두목, 구혼 형님이라오. 지금 수련 중이시니 잠시만 기다립시다."

익비는 그 남자를 보았다.

눈에서는 안광이 나와 금석이라도 꿰뚫는 듯했다.

그 두목은 사실 두 명이 온 것을 알고 있었다.

진검을 꼽고 말한다.

목소리는 동굴에서 나오는 것처럼 음산했다.

"사귀 옆의 동행은 누구냐?"

사귀가 공손히 말했다.

"환 형님의 친서를 가지고 온 분입니다. 아랫마을에서 사정이 생겨서 여기에 의탁하러 왔다고 합니다."

익비는 사귀에게 친서 한 통을 건넸다.

사귀는 친서를 가지고 구혼에게 가서 건넸다.

구혼은 친서를 펴서 읽어보았다.

그리고 잔잔히 미소를 띠었다.

구혼이 말했다.

"사귀, 방을 안내해 드려라."

익비는 말했다.

"감사합니다, 형님."

사귀는 공손히 명을 받들었다.

마침 동이 트고 있었다.

새벽이 오고 있었다.

환은 아침에 집 앞 마당에 나갔다. 일을 하러 줄을 서서 사람들이 가고 있었다. 모두 추레한 행색이었다.

힘 깨나 쓰면 막일을 하고, 여자들은 바느질을 했다.

위에서 시키면 해야 하고, 보수를 받아 근근이 살아갔다.

환은 서글퍼졌다.

우리는 왜 존재하는 것일까? 우리는 누군가의 세포인가?

환은 한 책을 꺼냈다.

'상인들의 책'이었다.

그곳에는 어떻게 해야 조직이 효율적이고, 어떻게 해야 생산성이 높아지는지가 적혀 있었다.

유생들은 그 책을 출세 가도를 꿈꾸며 읽었다.

이런 세상이었던가… 이런 세상이었더라….

환이 온 세상은, 그런 세상이었더라….

환은 생각했다.

'천하를 바꾸려면 제도도 중요하다. 그러나 사람을 바꾸어야 한다.

신민에서 시민으로 만들어야 하는 것이다.

그러나 위에서 내려준 교육 과정을 암송하고, 앵무새 같은 시험

제도만으로는 민들은 신민(臣民)일 수밖에 없는 것이었다.'

한편 익비는 산채에서 무술 수련을 하고 있었다.

귀검산은 으슥했다. 마치 귀신들이 사는 곳 같았다.

익비는 불편했지만 억지로 적응하려 했다.

사귀는 익비에게 호감이 있는지, 같이 검을 나눴다.

사귀와 검을 대련하고 둘은 산속에 앉았다.

사귀가 말했다.

"세상에는 쓰레기가 널려 있지. 하지만 모두 죽여버릴 수 없는 게 한이야. 내가 언젠가 검을 쓴다면 쓰레기들의 혓바닥, 눈알을 모두 베어버리련다."

익비는 어느 정도 동감했다.

"모두 그들이 있어야 할 곳으로 가야 하겠지….”

사귀는 잔인하게 웃으며 말했다.

"내 검은 청소를 해야 하지. 세상에 널려 있는 쓰레기들의 목을 따고, 주제를 모르고 날뛰는 연놈들의 목을 따야 하지. 그게 내가 받은 사명이다."

익비가 말했다.

"자네는 너무 잔인한 거 아닌가?"

사귀가 말했다.

"인정이 필요할 때가 있고, 잔인이 필요할 때가 있지. 하늘은 내게 어둠을 주셨지. 그분이 내게 부여한 천성이다. 내 검이 쓰일 때를 나는 알고 있지….”

익비가 말했다.

“천하란 늘 안정되어 있지 않지. 언젠가 요동치고, 격변이 올 거야. 그때 검을 쓰게나.”

익비는 말없이 다른 곳으로 떠났다.

그는 귀검산의 대나무숲에서 검을 들어 수련을 했다.

대나무를 베려 했으나 빗나갔다.

한 번도 빗나간 적이 없는 그의 검이었다.

익비는 마음이 동요되었다.

마치 악령이 속삭이듯 익비에게 다가왔다.

“너의 검은 살인자야. 네놈은 죄인이고 비적일 뿐이야. 너도 사귀처럼 잔인한 검을 써야 해.”

익비는 동요했다.

그리고 고뇌했다.

‘내가 관병을 벤 것은 잘못된 일인가… 누군가가 누군가를 폭력으로 압제할 때 그들을 베는 것은 잘못된 일인가….’

익비는 무릎을 꿇고 하늘 앞에 머리를 숙였다. 그는 맹세했다.

“하늘이시여,

제 검에 義를 내려주소서.

폭력으로 불의로 부당하게 행하는 이들을 벨

義를 나의 검에 내려 주소서."

마침 하늘에서 비가 쏟아졌다.

익비는 오랫동안 무릎을 하늘 앞에 꿇고 있었다.

익비는 품속에서 서신 한 장을 꺼냈다.

李雄의 시였다.

向天祖線視家

신단수에 기도하여, 아들이 태어났네.

오랜 역사 잊혀졌으나, 하얀 옷을 입었다네.

치우가 전사하고, 그의 시체 눈물과 함께 뿌려졌네.

동방에 별이 태어나 마구간에서 일했다네.

수모를 견뎌내고 남하하여 건국했네.

폐허인 북방엔 무덤은 남아있느뇨.

乙은 백성이 곤궁하니 진대법을 시행했네.

도적이 득세하고 대신들을 베어내니, 성왕의 기운 끊겼다네.

총명왕 처녀여왕 나라 위해 헌신했네. 시호가 선덕이라.

여름 겨울 지나 곳간이 가득 차고 재능이 믿을 만하니, 남방을 통일했네.

당군에 승리하고 천 년 역사 열었더라.

시대가 혼란할 때 영웅인가 역적인가.

광인이 일어났네. 눈 한쪽 변고로 잃고 궁녀 손에 키워졌네.

하늘은 송악을 비췄더라.

전쟁마다 승리하고, 인정 또한 있었으니 그가 적임이라.

남방의 호랑이 아들에 물려 쫓겨 건에게 의탁했네.

천 년 역사 저무는고. 김부는 투항했네.

왕이 건국하니 이름이 고려라.

성왕의 자치이었던가.

 － 李雄

익비는 술을 따라 세 번 땅에 붓고, 하늘에 절했다.

밝은 태양이 익비를 비추었다.

그 시각 환은 집에서 또 다른 시조를 읽고 있었다.

역시 李雄이 쓴 시였다.

趙道現懷虛加

재능이 당돌하고 빛 또한 넘쳤더라.

그의 꿈 안의 꿈이 펼쳐져,

모순은 그를 잡지 못하였다.

참새들 짹짹거릴 때, 구름 타고 떠나오니,

새로운 시대 새로운 세상 훗날의 꿈이로다

때는 겨울날, 한 바람이 환을 스쳐 갔다.

당시 천하는 요동치고 있었다. 어진 선황이 급사하고, 어린 황제가 즉위했다.

대신들은 보좌했다.

그러나 반란의 기운이 꿈틀거리기 시작했다.

한 군영 막사.

하얀 수염을 드리운 남자가 앉아 있었다. 옆에는 3명의 무장이 칼을 차고 있었다.

한 명은, 돼지상에 탐욕이 가득해 보였다.

한 명은, 힘깨나 쓰는 무인 같았다. 가장 젊었다.

한 명은, 사려 깊게 생긴 남자였다.

하얀 수염을 드리운 남자의 이름은 정부(鄭赴)였다.

정부가 말했다.

"어린 황제가 즉위했다. 자네들은 계속 충성을 바칠 것인가?"

3명의 무장은 아무 말이 없었다.

정부는 단검을 꺼내서 자신의 약지를 베었다.

그리고 술에 탔다.

정부는 술 4잔을 따랐다.

정부가 말했다.

"자네들, 이 잔을 마실 텐가? 버릴 텐가?"

가장 젊은 경사(慶死)는 말없이 피 섞인 술 한 잔을 마셨다.

뚱뚱한 무장 돈부(頓副)도 한 잔을 마셨다.

마지막 남은 무장은 사려 깊은 남자였다.

심정(審政)이었다.

잠시 정적이 찾아들었다.

모두들 심정을 기다리고 있었다.

경사는 칼을 만지작거렸다.

돈부도 대도에 손을 대었다.

심정은 빙긋 웃고 한 잔을 마셨다.

정부는 심정이 마시는 것을 보고 역시 빙긋 웃었다.

그리고 마지막으로 잔을 마셨다.

4명의 눈이 불타기 시작했다.

강한 활이 당겨지나, 화살은 목을 겨누네.

누구의 목이던가?

- 李雄

그 시각, 귀검산에 차가운 바람이 불었다. 그러나 달이 밝게 빛났다.

익비는 혼자 생각했다.

'이들을 보니 잔인하고 기괴하다. 오래 머물 곳이 아니다.

관가에서 나를 계속 쫓는가….

하늘이시여, 이 무인은 어디로 가야 한단 말입니까….

사방에서 저를 죽이려 하고, 몸 하나 뉘일 데가 마땅치 않소이다.

하늘이시여….'

익비는 달빛을 검에 담은 채로, 다시 귀검산으로 들어간다.

환은 그 시각 사저에서 제갈무후의 시를 보며 읊조리고 있었다.

'꾸미는 것은 사람이되, 이루는 것은 하늘인가….

그때였다.

환의 집에 누군가가 문을 두드렸다.

한 노인이, 百자 기와 正자 기를 들고 서 있었다.

환은 선비였기에, 기분이 나빴다.

백과 정을 합치면 백정, 사람들이 천대하는 사람이었기 때문이다.

환이 문을 닫으려는 찰나,

노인은 기를 놓고 떠났다.

환은 百正(백 개의 정의)를 간직했다.

음산한 귀검산,

익비는 검을 찬 채로 산채를 떠나고 있었다.

올 때는 마음대로 들어왔으나 나갈 때는 마음대로 나갈 수 없는 곳, 귀검산….

익비는 최대한 자연스럽게 소나무 앞까지 왔다.

그 소나무는 귀검산의 길목이었다.

그때 한 남자가 앞을 막았다.

구혼이었다.

구혼이 음산하게 말했다.

"익비, 여기 온 이상 마음대로 나갈 수 없다."

익비가 말했다.

"저는 가야 할 곳이 있소."

구혼이 검을 뽑았다. 시퍼런 진검이었다.

구혼이 말했다.

"나가려면, 이 검을 넘고 가라. 시체는 바깥에 묻어주겠다."

익비는 검을 뽑았다.

익비는 지체하면 안 되었다. 순식간에 쾌검을 써서 구혼을 베었다.

익비는 몸을 던져 구혼을 대도로 베었다고 생각했다.

그렇지만 구혼은 귀신처럼 몸을 피해 익비의 검을 피했다.

익비의 목에 차가운 검이 닿았다.

익비는 아무 말 없이 죽음을 기다렸다.

그때 음산한 목소리가 들렸다.

"어디를 가려는가? 자네는 위험하다."

익비가 말했다.

"성도로 가렵니다."

구혼이 말했다.

"수도에 가서 무얼 할 생각인가?"

익비는 말했다.

"떠날 겁니다. 정처 없이. 계획은 없습니다."

구혼이 말했다.

"잘 가라. 또 보고 싶다."

익비는 아무 말 없이 검을 찬 채로 떠났다.

초승달이 익비를 비추고 있었다.

한편 성도의 민심은 뒤숭숭했다. 어진 선제가 붕어하고, 어린 단
(斷)이 황제에 올랐다.

6조 대신들이 모여서 정사를 처리했다. 당시 단은 불과 17살….

어느 날 단이, 황궁에서 조서를 받던 도중이었다.

한바탕 찬 바람이 일며, 국기가 쓰러지려 했다.

장병 둘에서 그것을 보고 나무를 잡았다.

그렇지만 바람은 계속 불었고 나무는 흔들렸다.

장병 둘이 잡고 있었지만 나무는 부러졌다.

단은 놀라서 물었다.

"이게 어쩐 징조요?"

그러나 누구 하나 대답하는 이 없었다.

단은 놀라고 두려움에 떨었다.

그리고 육조대신 중 구문지(宼文智)를 찾아간다.

구문지는 도가와 불가, 유학인 3도에 모두 능했다.

단이 찾아가자 구문지는 저택에서 나와서 맞이한다.

단이 말했다.

"연회를 하고 있는데, 강풍이 불어 황기를 건 장대가 부러졌습니다. 어떤 연유인지요?"

구문지는 곰곰이 생각하다가 말했다.

"황제를 노리는 세력이 있다는 뜻입니다. 황제께서는 영을 정하시어, 사람들이 딴 뜻을 품지 못하게 하소서. 선제가 붕어하고 도성이 뒤숭숭한 시국입니다. 또한 하늘에 제를 열어, 그동안의 잘못을 고하시고, 선정을 베풀 것을 다짐하십시오."

단은 그대로 따랐다.

단은 황궁에 하늘에 대한 제례를 열었다.

문무백관들이 도열하고 단이 조서를 직접 읊었다.

"소제(小帝)는 선제께서 붕어하시고, 어린 나이임에도 국가를 맡는 중임을 맡았나이다.

나아가 하늘에 고하고, 백성에게 선정과 인의로 다스릴 것을 아뢰옵나이다.

소제가 연약하고 나약하나, 하늘께 발원하고 선심을 올리오니, 하늘께서 받아주옵소서.

소제가 열심히 기록을 살펴 나라 안에 억울한 이 드물게 하겠나이다.

또한 선대의 잘못이 있다면 사하시고, 소제에게 빛을 비춰주소서.”

단이 황문(皇文)을 읽자, 음악대가 연주를 시작했다.

잔잔한 음악이 흐른 후 단은 하늘에 세 번 절했다.(天·地·人의 상징이었다.)

그리고 문무백관들이 모두 절했다.

정부는 무관으로 왼쪽에 도열해 있었다.

정부는 속으로 생각했다.

'단이 어리니, 일을 도모할 수 있겠다. 주변인들은 늙은 문인들뿐. 사농공상의 씨가 따로 있겠는가, 흐흐흐.

황제를 암살하고 군대를 이끌고 시국을 수습한다고 정권을 잡으면 되는 것이다. 그리고 꼭두각시를 앉히고 내가 통치하면 되는 것이다. 그 후 일을 생각하자.'

한편 익비는 성도에 도착해 있었다.

당시 민심은 뒤숭숭했다.

익비는 주점에 가서 술을 마셨다. 대낮인데도 사람들이 꽤 많았다.

몇 명의 유생들도 술을 마시고 있었다.

한 유생이 말했다.

"황제가 어리고 나약해서, 나라를 잘 돌볼 수 있을까 싶다. 때가 오면 우리도 일어나야 하지 않겠는가?"

다른 유생이 말했다.

"나는 나보다 못한 놈을 보면 황제로 인정하지 않지. 단 따위가 어떻게 나라를 이끌겠는가?"

익비는 그 말을 듣고 속으로 생각했다.

'나라의 유생이라는 자들이, 황제를 보필하고 국가를 안정시킬 생각은 안 하고 역모만 생각하는구나… 질서가 깨지면 혼란이 온다…. 환 형님이 가르쳐 준 게 도움이 되는구나….

환 형님도 유학에 능했는데… 그나저나 환 형님은 뭐 하실까….'

그때였다.

말을 탄 한 무리의 군대가 주점을 지나쳤다. 그들은 매우 빨리 달리고 있어서 먼지가 동했다.

사람들은 얼굴을 찌푸렸다.

익비는 앞선 말을 탄 사람의 얼굴을 보았다. 젊은 무장이었다.

정부 휘하에 있는 경사였다.

익비는 기분이 안 좋아졌다.

무인의 직감으로 '반골'이라는 것을 느꼈기 때문이다.

경사는 정부의 군영으로 가고 있었다.

정부는 사방장군(四方將軍) 중 북장군(北將軍)이었다.

경사는 그의 부장이었다.

경사는 말을 달려 정부의 북군 장군부에 들어갔다.

주변 병사들이 경례를 했다.

경사는 거침없이 정부의 문을 열고 들어갔다.

정부는 경사를 맞이했다. 곧 병사들이 문을 닫았다.

정부가 말했다.

"오늘 조정에 나가서 황제를 보았다. 이제 거사를 일으켜도 될 시기이다. 나라가 안정되기 전에, 황제를 제거해야겠다.

너는 도성 저잣거리 애들을 시켜서 유언비어를 퍼트려라.

年轻的皇帝无能，只喜欢钱。即使在年轻的时候，他也只追逐女人的屁股。

젊은 황제 무능하고 돈만 좋아해. 어린 나이임에도 여자 엉덩이만 쫓아다녀."

경사는 쓱 웃고는 고개를 끄떡였다.

경사는 군사를 풀어 저잣거리 애들에게 가르치니, 도성에는 이 노래가 넘쳐흘렀다.

사람들은 황제를 비웃고 멸시했다.

조정에 대한 신뢰도는 떨어져만 갔다.

한편, 환이 사는 마을에도 정부가 퍼트린 유언비어가 퍼졌다.

사람들은 모두 수군거리며, 황제를 힐난했다.

어린 아낙부터 어린아이까지 황제를 모욕했다.

환 역시 위의 문구를 들었다.

환은 생각했다.

'누군가 황제를 음해하는 글이다. 단 황제는 불과 17살이지만 그가 내린 조서를 보면 총기 있고 재능 있었다.

누군가가 조정에서 황제를 노리고 있다. 그것도 조직적으로….'

환은 과거에는 떨어졌지만, 애국 충심을 가진 선비였다.

환은 진심으로 어린 황제를 걱정했다.

하지만 어쩌랴, 적수공권, 그가 배운 것은 학문(學文)뿐인 것을….

환은 귀검산을 올랐다.

올라가며 예전 일을 회상했다.

환이 과거를 보러 성도에 가던 일이었다.

과거를 보러 올라가는 선비들을 노리는 비적 떼들이 있었다.

환은 그것을 모르고 글을 암송하며 성도로 가고 있었다.

비적 떼는 환을 공격했다.

환은 무술을 몰랐기에 죽음을 앞둔 처지였다.

그때, 한 남자가 귀신같이 나타나 비적 떼를 순식간에 베었다.

그 남자는 구혼이었다.

환과 구혼은 그렇게 만났다.

환이 선비임을 안 구혼은 환을 산채로 모셔, 그의 학문을 듣는다.

구혼은 노비로 태어났다.

그렇지만 하늘은 그에게 검의 혼을 부여했다.

구혼은 14살 때 검을 들어 자신을 부려 먹는 주인 가족을 모두 죽이고 산으로 갔다.

당시 귀검산에는 산적 떼들이 있었는데, 구혼은 혼자서 수십 명을 벤다.

산적 두목을 벤 구혼은 14살 때 산채를 차지한다.

구혼이 두목이 된 후로, 귀검산 산적 떼는 검에 뜻있는 이늘만 모였다.

구혼은 마을의 악명 높은 부호들만을 겨냥해서 재물을 빼앗았고, 양민들의 터럭 하나 상하게 하지 않았다.

그리고 관병이 오면 모두 몰살시켰다.

그리고 구혼은 선비들을 아꼈다. 그래서 인근 비적 떼들로부터 선비들을 구해주곤 했다. 구혼이 구해주었던 선비들은 한둘이 아니었다.

구혼은 그들을 청해서 학문을 들었다.

그중에서 구혼은 환이 가장 뛰어나다고 생각했다.

구혼과 환은 자주 교류했다.

환은 법학, 종교 등을 구혼에게 알려주었다.

환이 커다란 소나무를 지나자 사귀는 환을 바로 알아보았다.

사귀는 나무에서 뛰어내려 환을 구혼에게 안내했다.

구혼이 음산하게 말했다.

"오늘은 어떤 가르침을 주시겠소?"

환이 말했다.

"지금 조정에서 어린 황제가 즉위하고 민심이 뒤숭숭하오. 누군가가 조직적으로 황제를 음해하고 있소이다.

곧 변란이 있을 것 같소."

구혼은 아무 말이 없었다.

환이 산채에 갔다 돌아오는 도중, 사책을 만난다.

환이 말했다.

"자네 또 어디를 가나?"

사책이 말했다.

"옛 전쟁터에 갔다 오는 길입니다, 형님."

환이 말했다.

"병법을 하고 있군. 무과에 응시는 안 할 텐가?"

사책이 말했다.

"몸이 워낙 약하고, 체구가 작아 무과는 응시 못 합니다, 형님."

환이 말했다.

"열심히 실력을 기르게. 언젠가 때가 올 거야."

사책은 병약한 안색으로 책을 들고 집에 들어갔다.

환이 말했다.

"잠깐."

사책이 쳐다보았다.

환은 은자를 꺼냈다.

"적지만 이 돈으로 책도 사고, 몸에 좋은 것도 먹게나."

사책이 말했다.

"감사합니다. 형님."

환은 시 한 수를 읊었다.

하늘이여, 고서를 깊이 보니,

천하를 원했건만 한 치 앞도 못 봤다오.

권세 쥐고 호령하나 道가 없으면 길이 없소.

자연을 벗삼아 친밀한 친구 만나 밥을 먹고 거니는 것.

이 몸의 소원이오.

부귀영화 권부권세 일장춘몽 애달파라.

금석보다 진한 우정 보이지 않는 경전일세.

환은 사택에 돌아와 한나라 시절 사마천[1] 을 기리며 시를 지어 하늘에 바쳤다.

사명.

바른말을 했으나 모진 형벌 괴로워라.

---

1) 사마천은 이릉이라는 장군을 변호하다가 한 무제에게 궁형을 당했다. 그는 끔찍한 환경에서도 손으로 붓을 들어 사기를 남겼다.

불타는 정신은 계속 타올랐다.

육신의 상처는 그 불을 끌 수 없었다.

그 불은 영원이 되어 하늘께 상달되었다.

한편 사책은 환과 헤어지고 은자 꾸러미를 보았다. 사책은 눈물이 흘렀다. 뛰어난 실력이 있음에도, 세상은 사책을 알아주지 않았고, 적은 돈을 위해서 일해야 했다.

하지만 사책은 몰랐다. 자신이 하늘의 귀한 선물을 가지고 있는지를….

사책은 눈빛이 변한 채로 병서를 다시 읽기 시작했다.

사책은 한편으로 고뇌했다.

'세상에 뛰어난 기재가 많다. 역사상 수많은 전략가들이 있었다. 그들을 뛰어넘는 전략가가 되겠다.'

사책은 공부를 마치고 바깥에 바람을 쐬러 나갔다.

주성(周成)이라는 남자를 만나러….

둘은 동갑이었고 친구이기도 했다.

그 둘은 병법을 밤낮으로 논하고 연구하며 시간을 보냈다.

사책이 말했다.

"우리가 이 고장에서는 천하제일이나 세상은 넓다네. 중원에는 얼마나 많은 고수가 있겠나."

주성이 말했다.

"길고 짧은 것은 대봐야 알겠지."

사책이 말했다.

"친구, 방심하면 안 된다네. 병법은 그 끝을 모르지…. 나도 평생을 연구했지만 그 끝을 볼 수 없었지…."

주성이 말했다.

"그래. 우리 같이 열심히 해보자, 친구. 전에 내가 말했지? 빨리 가려면 혼자 가고, 같이 가려면 멀리 가라고…."

사책이 말했다.

"지금 천하 정세는 위태로워 보여. 젊은 황제가 즉위하고 혼란기가 올 것 같아."

주성이 말했다.

"아쉽게 우리는 병법은 있으나 군대는 없네…."

사책이 말했다.

"때를 기다리자. 군주와 군대를 만날 때를…."

주성이 말했다.

"우리 한잔할까?"

사책이 말했다.

"좋지!!"

사책이 시 하나를 읊었다.

"뛰어난 재주 있으나 들어갈 곳 없소이다.

제갈량은 유비를 만났고
강태공은 희창을 만났지만,
저는 天時를 기다리오.
하늘의 바람이 부는 날 저의 종점이자 시작이오."

주성도 시 하나를 읊었다.

"푸른 하늘이여
옛 화랑 기억하오.
임전무퇴 무사들이
밝은 지략 만난다면
애국하고 충심하여 救한다오.
밤낮으로 정진하여, 애국하고 충성하길."

사책과 주성은 취기가 돌 때까지 마셨다. 둘은 내일을 기약하고
헤어졌다.

한편 정부는 어린 황제를 암살하러 계획을 실행하고 있었다.
한 우람한 역사가 정부에게 나타났다.
우람한 역사는 정부를 보자 무릎을 꿇었다.
정부가 흡족히 웃으며 말했다.

"자네는 창해역사보다 못하지 않다. 영정(진시황)은 살아남았지만 단은 살아남지 못할 것이다."

타상(打上)은 무릎을 꿇고 말했다.

"명을 받들겠습니다. 명령만 내려 주십시오."

정부가 말했다.

"황제는 인정이 많아서 백성들을 돌본다. 도성의 원민리에 백성들이 황제를 위해 연회를 베푼다고 거짓 상소를 올리겠다.

어가가 만약에 그곳에 오면 젊은 여자 한 명을 보내겠다.

그 젊은 미녀는 황제를 알현하게 해달라고 할 것이다.

어진 황제가 그 젊은 미녀를 알현하면, 그때 황제를 치라.

그리고 사람들에게는 어린 황제가 젊은 처녀를 희롱해서 죽였다고 하라."

타상은 말했다.

"명을 받들겠습니다."

정부는 경사, 돈부, 심정을 불렀다.

세 장군이 오자 정부는 말한다.

"너희는 군대를 점거하여, 타상이 황제를 치면 병력을 이끌고 황궁을 점거한다. 항거하는 군사는 모두 벤다.

그리고 황실을 보호한다고 선전하라."

경사 돈부 심정도 말했다.

"괜찮은 책략입니다. 장군. 명을 받들겠습니다."

경사 돈부 심정 역시 나갔다.

일은 계획대로 진행되어 갔다.

단은 원민리 주민들의 상소를 읽었다. 그 상소는 정부가 문사를 시켜 거짓으로 작성한 상소였다.

내용은 이러했다.

"황제의 덕이 높아 백성들은 늘 칭송하고 용안을 뵈옵기를 갈망합니다.

저희 마을 노인들이 정성 들여 황제께 바칠 한 상을 준비했습니다.

저희 원민리 마을 사람들은 용안을 뵙기 원하오니 꼭 어가를 출두하셔서,

저희의 마음을 어루만져 주십시오.

저희의 평생 소원이오 영광이옵니다."

단은 생각했다.

'내가 하늘에 제사를 고하고 백성들을 돌본다고 하였으니, 이는 하늘이 주신 기회 같다. 원민리 백성들을 만나서, 그들의 마음을 풀어주어야겠다.

또한 백성들이 나를 사모하니, 내가 어찌 거절하랴…'

단은 곧 날짜를 잡고 통지했다.

세작들을 시켜서 황제가 수락한 것을 확인한 정부는 곧이어 상소를 올린다.

내용은 이러했다.

존경하는 황제 폐하. 귀하신 몸으로 미천한 마을에 내려가신다고 하셨나이다.

저희 북방군이 황제께 충성하여, 어가를 친히 호위하길 원하옵니다.

든든히 저희를 믿어주시고 황제를 호위하게 해주시옵소서.

단은 의심 없이 정부의 상소를 듣고 말했다.

"이번에 원민리에 갈 때 호위를 북군에게 맡기노라."

신하들은 말이 없었다.

한편 육조대신 중 구문지는 저택에서 천문을 보고 있었다.

한 별이 있었는데, 주변에 4개의 별이 있었다.

한 붉은 별이 빛을 비추더니 나머지 별들이 구름에 가려졌다.

구문지는 곰곰이 생각했다.

'저 가운데 별은 황제의 별이다. 주변의 4개의 별은 성도를 지키는 사성장군을 상징한다. 저 붉은 별은 역모를 꾀하고 있다. 황제가 위험하다.'

구문지는 황제가 원민리에 간다는 소식을 들었다. 그리고 북방장군에서 황제를 호위한다는 것도 알게 되었다.

구문지는 정부를 알고 있었다.

정부는 겉으로는 흰 수염이 있었어도, 속에는 계략이 가득한 노장이었다.

그는 선제에게 이민족을 정벌한 공을 세워서 북방장군까지 올라 왔지만, 구문지는 그의 흰 수염에 감춰진 얼굴에서 간교한 야심을 보았던 것이다.

구문지는 꺼림칙했으나, 황제에게 함부로 말할 수가 없었다. 사방장군 중 북방장군의 힘은 강력했고, 구문지 자신도 어떻게 될지 몰랐다.

구문지는 남방장군 충정(忠正)을 만나러 간다.

충정은 30대의 젊은 장군이었다. 사방장군 중 가장 나이가 젊었다.

남방장군부는 화려하게 장식되어 있었다.

사천왕상이 있었다.

구문지는 천천히 장군부로 들어갔다.

호랑이 석상이 있는 곳에 충정은 머물고 있었다.

충정과 구문지는 만났다.

충정이 말했다.

"육조대신께서 어인 일로 군영까지 찾으셨습니까? 어서 오시지요."

구문지가 말했다.

"긴밀히 상의할 일이 있어서 왔소이다. 주변의 사람들을 청컨대 물려주시지요."

충정이 말했다.

"너희는 물러가라. 그리고 바깥에 누구도 들어오지 못하게 경계하라."

충정이 말하자 병사들은 장군부의 문을 닫고 명을 받들었다.

주변에 삼엄한 경계가 처졌다.

구문지가 주변을 보고 아무도 없자 말했다.

"장군, 아무래도 누군가가 황제에게 반역할 모반을 꾀하고 있는 듯하오."

충정이 말했다.

"그것은 누구입니까? 증거는 있습니까?"

구문지가 말했다.

"이 노인의 예견이라오. 이 노인은 천문에 능한데, 황제의 별을 침범하는 별을 보았소. 이는 사성장군 중 하나가 모반을 꾀하고 있다는 것이오."

충정이 말했다.

"그러면 한 명밖에는 없겠군요."

주문지가 말했다.

"그럼 우리는 붓으로 손바닥에 한 글자를 써서 보여주기로 하오."

충정은 흔쾌히 동의했다.

둘은 붓으로 손바닥에 한 글자씩 썼다.

구문지가 먼저 손바닥을 폈다.

'부'라는 글자였다.

충정 역시 손바닥을 펴보았다.

'서(西)'라는 글자였다.

충정은 주문지의 글자를 보고 말했다.

"정부 장군은 모반을 꾀할 사람이 아니오. 대신께서 혹여나 우리 군을 교란하기 위해 이간질 하기 위해 온 것 아니오?

나는 사실, 모반을 꾀할 누구도 찾지 못했소. 그래서 대신을 떠보려고 아무 글자나 쓴 것이오."

구문지가 당황해서 말했다.

"어찌 노인의 충고와 선제의 당부를 버리시오."

충정이 말했다.

"여봐라."

그러자 주변에 경계하고 있던 병사들이 문을 열고 들어왔다.

충정이 말했다.

"육조대신께서 노망이 나신 것 같다. 허튼소리를 계속하시니, 잠시 머물 곳을 안내해 드려라."

그러자 건장한 병사 둘이 구문지 앞에 다가왔다.

"일어나십시오, 대신."

구문지가 호통을 쳤다.

"이놈들!! 누구 안전이라고 감히 대하느냐!!"

건장한 병사 둘은 아무 말 없이 구문지의 팔을 잡고 끌고 나갔다. 구문지는 호통쳤으나, 그 소리는 점점 조용해졌다.

어진 마음 이용한 꾀 독랄하고 악독하네.

순한 마음 이를 알지 못해 그물에 걸렸더라.

하늘이여 선량한 이들은 속고 다친다오.

간교한 이들은 이득을 얻고 즐긴다오.

하늘이여 법은 어디 있소? 정의는 어디 있소?

　- 李雄

한편 정부는 속으로 셈을 하고 있었다.

'내가 황제를 치면 분명 나머지 삼군에서 이를 알 수도 있다. 타상을 역모로 몰아 죽여버리고 황제의 후사를 보필하겠다고 선전하자. 그리고 내 군대를 몰아 기습하여 나머지 삼군을 모두 죽여버려야겠다.'

정부는 속으로 생각했다.

'내가 거사를 도모하지만 하늘이 보고 있으니 걱정이다. 설마 어진 하늘이 나를 벌하겠는가.

하늘의 어짊을 이용해서 일단 거사를 도모하고 그분의 선하심을 의지하자. 그러면 되는 것이다.'

한편 서군의 변념(變念)은 성도 서쪽에서 생각을 하고 있었다.

그의 어머니 항신(恒信)이 찾아왔다. 늙은 노모였다.

항신은 친히 반찬을 싸 왔다.

항신이 말했다.

"얘야, 장군 일이 힘들지? 이 어머니가 친히 반찬을 싸 왔다. 항상 하늘을 공경해야 해. 얘야….

그리고 잊지 마라 얘야. 너는 나라의 대들보다. 네가 쓰러지면 기둥이 쓰러지는 거야. 항상 몸조심해라."

변념은 말했다.

"어머니, 걱정 마세요. 날씨가 추우니 어서 돌아가세요."

항신이 말했다.

"얘야, 내가 항상 너를 위해 기도하고 있단다. 이 애미는 잘 몰라도 너만을 보고 의지하고 산단다."

변념이 말했다.

"어머니, 진귀한 보석 받으세요."

변념은 옥 등을 꺼냈다. 빛깔이 고운 게, 명품 중의 명품이었다.

항신이 말했다.

"평생 기도만 해온 애미에게는 이런 진귀한 보석이 필요 없단다, 얘야. 보니 군인들이 쓸 물건은 아니구나. 차라리 이 늙은 애미가 아닌 하늘에게 예물로 바치거라. 얘야, 애미가 기도하고 떠나련다."

변념이 말했다.

"어머니 하고 싶은 대로 하세요."

항신이 두 손을 모으고 기도했다. 변념은 귀찮았지만 같이 두 손을 모았다.

항신이 기도했다.

"자비로우신 주이시여.

저희 아들과 모자를 어여삐 여겨 주소서.

이 모자란 애미는 아들밖에 모르오니,

하나뿐인 내 아들 귀하게 여겨주시고 보호하여 주십시오."

항신이 말했다.

"변념아, 너도 하느님께 기도 올리자꾸나."

변념은 신을 믿지 않았다.

그렇지만 늙은 어머니가 기도를 시키자 건성건성 거짓으로 말했
다.

"저는 맹세합니다. 하느님. 거짓을 말하지 않겠다고."

항신이 말했다.

"아가야, 그게 다냐?"

변념이 말했다.

"남자의 기도는 짧을수록 좋습니다. 어머니, 이제 들어가시지요."

항신이 말했다.

"아가야, 이 애미는 들어간다."

변념은 항신이 나가자 여자 둘을 불러들였다.

여자 둘은 변념 앞에서 옷을 벗었다.

여자 둘과 한바탕 정사를 벌인 변념은 말했다.

"너희들을 사랑한다."

여자 둘은 변념의 양팔에 안겨 있었다.

변념은 양쪽 여자에게 입을 맞추었다.

변념이 조소하듯 말했다.

"아, 방금 맹세했었지."

변념은 군영을 나갔다.

문이 열리며,

한 서양 여자가 다가와 변념의 팔에 안겼다.

서양 여자는 빼어난 미모였다. 금빛 머리에 붉은 눈을 가지고 있었다.

변념은 어머니에게 주려던 진귀한 옥을 서양 여자에게 주었다.

서양 여자는 옥을 받았다.

변념이 입을 맞추고 말했다.

"사랑한다."

변념은 서양 여자와 밀회를 즐기고, 천천히 되새기며 말했다.

"아, 방금 맹세했었나?"

서양 여자는 변념과 함께 서방군을 걸었다. 둘은 밀회를 계속 즐겼다.

한편 동군 장군의 막사.

한 50대의 남자가 군영을 걷고 있었다.

그의 이름은 사강(邪康).

사강은 긴 군영의 복도를 걸으며 생각하고 있었다.

'어린 황제를 계속 보필할까… 아니면 내가 대업을 이룰까…. 며칠 전 정부를 보니, 눈에 충심 따윈 없었다.

사악한 기운만 맴돌고 있었어….

정부가 먼저 손을 쓸 것 같다….

먼저 손을 쓰는 것은 좋은 모양새가 아니다.

정부가 만일 먼저 손을 쓰면 그놈을 제압하고 일을 도모하는 것이 옳다.'

사강의 생각은 깊어져만 갔다.

점점 시간이 가까워지고 드디어 거사일이 다가오고 있었다.

단은 원민리에 직접 출두했다.

정부는 군대를 모아 계획대로 실행했다.

100여 명의 황군 소속 군대와 함께 어가는 원민리에 내려갔다.

民으로 위장한 병사들이 잔칫상을 펼쳐놓았다. 이들은 사실 북방군 소속이었다.

위장을 잘해놓아서 누가 봐도 이들은 백성들 같았다.

단은 어가에서 내렸다.

위장한 백성들이 어가 앞에 엎드렸다.

단이 말했다.

"일하느라 노고가 많소이다. 농사일하랴 가정 돌보랴 노고가 많소이다. 본 황제가 직접 와서 위로하오.

열심히들 일하시고, 사랑하는 가족들과 편안히 사시오."

한 노인(군인인데 위장한 노인)이 진귀한 음식을 바치고 술을 따랐다.

단은 술 한잔을 했다.

그때 한 미녀가 단 옆에 다가왔다.

단은 물었다.

"그대는 누구요?"

그 여자가 말했다.

"소녀는 사연이라고 합니다. 황제의 시중을 들기 위해 왔습니다."

단이 말했다.

"시중은 필요 없소. 물러가시오."

사연은 흉악한 미소를 짓더니 갑자기 옷을 작은 칼로 스스로 찢었다.

그리고 소리 지르기 시작했다.

"사람 살려, 사람 살려!!"

사람들의 눈이 사연을 향했다.

사연이 소리쳤다.

"황제가 제 음부에 손을 넣고 옷을 찢었습니다. 사람 살려, 사람 살려!!!"

그러자 사람들은 눈이 휘둥그레졌다.

원민리 사람들 속에서 타상이 일어났다.

거구인 타상은 철 몽둥이를 하나 들고 황제에게 달려들었다.

황제의 호위군이 막았다.

이들은 북방군 소속이 아닌 직속 호위군이었다.

타상과 호위군은 결전을 벌였다.

거구의 타상은 호위군을 쳐 죽이고 황제 앞에서 머리를 부수려고 했다.

단은 인자한 미소를 짓고 가만히 앉아 있었다.

타상은 황제의 눈을 보자 눈을 떨구었다.

그리고 철 몽둥이를 내려놓고 어디론가 뛰어갔다.

타상은 생각했다.

'황제를 치면 나는 지옥이다. 차마 일을 할 수가 없다.'

한편, 변고가 나자 정부는 기다렸다는 듯이 북방군을 이끌고 나타났다.

정부는 황제를 보았다. 단은 아무 일 없다는 듯이 앉아 있었다.

단은 정부를 보자 말했다.

"백성들이 오해가 있는 모양이오. 나는 돌아가야겠소."

정부가 말했다.

"황제를 치려던 암살범을 붙잡겠습니다. 어가는 이제 북군이 직접 호위하겠습니다."

단이 말했다.

"정부, 어떤 일로 왔소이까?"

정부가 말했다.

"황제의 안전을 보필하기 위함이고 딴 뜻은 없습니다."

정부는 500명의 군대로 어가를 포위했다.

단은 천천히 일어서서 가마에 들어갔다.

정부가 눈짓하자 한 소리 신호와 함께 경사와 500여 북방군 정예 군사들이 황제의 직속 호위군을 베기 시작했다.

순식간에 일어난 일이었다.

경사가 검을 들자 황제를 호위하던 10여 명의 목이 순식간에 날아갔다.

나머지 북방군 군인들도 황궁 소속 군대를 공격했다.

차 한 잔 마실 시간이 되기 전에,

황제의 호위무사들은 손도 써보지 못하고 순식간에 목숨을 잃었다.

경사가 벤 수는 50명이 넘었다.

일이 끝나자,

정부가 소리쳤다.

"황제와 함께 황궁에 들어간다."

그러자 북방군 소속 병사들이 일시에 집결하여 어가를 포위했다.

북군은 순식간에 성도로 향했다.

궁궐에 들어가자 경사, 심정, 돈부는 군대를 이끌고 같이 황궁 주변을 포위해 버린다.

정부는 순식간에 북방군을 몰아 대비가 안 된 황궁으로 들어갔다.

황궁 소속 수비대는 북방군이 들어오는 것을 보고 의아해했다.

그러나 순식간에 공격이 벌어졌다.

경사가 긴 칼로 황궁 소속 수비병들을 베기 시작했다.

돈부도 철퇴를 들어 공격했다. 심정도 큰 칼을 썼다.

세 장군이 북방군 군인들과 황궁을 공격하니 황궁수비대는 당황했다.

또한 황군은 어가와 함께 북방군이 나타나자 감히 저항하지 못했다.

경사, 돈부, 심정은 가는 곳마다 황궁수비대를 베었다.

황궁수비대는 허무하게 몰살해 버린다.

정부는 어린 단을 협박하여 조서를 쓰게 한다.

정부가 칼을 차고 어가에 들어와서 말했다.

"황제여, 지금 황제를 노리는 세력이 있습니다. 부디 북방군에 계엄을 허하소서."

단은 아무 말이 없었다.

단은 정부의 손에 들린 검을 보았다.

단은 고개를 숙여버렸다.

마음이 여리고 어린 단은 굴복해 버린 것이다.

정부는 단을 힘으로 제압하고, 조서를 반포한다.

"변란이 있어서 황제의 목숨이 위험하다. 우리 북방군에서 황실을 지키라는 어명이 떨어졌다.

황제의 명령이다. 황군은 북방군 소속으로 편입되고 당분간 북방군에서 계엄을 맡는다."

그렇게 거사는 이루어졌다.

한편 황군 소속 대장군 이신(李信)이 있었다.

이신은 변란이 일어났다는 것을 알았다.

하지만 대세는 늦은 뒤였다.

황궁은 북방군이 순식간에 점령해 버렸고, 황제는 어떻게 되었는지도 몰랐다.

더군다나 어명까지 떨어져 버린 것이다.

이신은 대장군부에서 서성였다.

이신은 생각하고 있었다.

'이거 어쩌나… 황군에게 따로 명령하여 북방군을 대적해야 한다….'

그때 대장군부에 경사가 북방군을 이끌고 나타났다.

경사는 아무 말 없이 대장군부로 향했다.

한 병사가 경사를 알아보고 물었다.

"경사 장군, 어쩐 일이신지요?"

그러나 경사는 북방군 정예군과 함께 아무 말 없이 대장군부로 향했다.

경사가 대장군부를 힘으로 열었다.

이신이 앉아 있었다.

이신이 물었다.

"경사 장군, 어쩐 일이오?"

그러자 경사는 검 하나를 뽑고 이신을 공격했다.

늙은 대장군 이신은 검을 뽑았으나, 젊은 무장인 경사를 당해낼 수 없었다.

경사가 순식간에 신형을 날려 이신의 목을 치니, 늙은 대장군의 목은 떨어졌다.

경사는 이신의 목을 들고 말을 타고 북방군과 함께 정부에게 간다.

경사는 정부에게 이신의 목을 내려놓는다.

정부는 껄껄 웃었다.

"대장군 이신의 목이군. 경사 수고했다. 이제 눈엣가시 같은 황군은 끝난 것이다, 흐흐흐흐."

황군 소속 이신을 제거해 버린 후 이제 거칠 것이 없는 정부는 단에게 말했다.

"지금 황제를 노리는 세력이 도성에 넘치고 있습니다. 죄송하지만, 잠시 궁궐에만 계셔야 할 것 같습니다. 저희 북방군이 호위해 드리겠습니다."

단은 아무 말도 하지 않았다.

정부가 말했다.

"자, 다들 황제께 궁을 안내해 드려라!"

경사는 검을 차고 단을 반강제로 끌고 갔다.

정부는 단을 운비궁 안에 감금했다.

그리고 무장병력을 배치하여, 운비궁을 삼엄하게 지키게 하고 개미 한 마리 지나다니지 못하게 하였다.

선제가 붕어하고 어린 황제 즉위했네.

총명함이 있었으나 힘이 부족했다.

나이 또한 어렸더라.

늙은 여우 먼저 일어나 황제를 치니,

흉악한 기운만이 맴도네.

  - 李雄

정부는 조정이 정리되자, 운비궁 안에 거침없이 들어왔다. 신발도 벗지 않은 채로.

정부가 문서 하나를 들이밀며 말했다.

"옥새를 찍으십시오, 폐하."

단은 문서를 읽으려 했다.

정부가 강력하게 말했다.

"옥새를 찍으십시오, 폐하."

단은 생각했다.

'저항해 보았자, 욕만 더 볼 뿐이다.'

단은 체념해 버렸다.

단은 손을 떨며 옥새를 찍었다.

그 문서는 모든 권한을 북방장군 정부에게 위임한다는 문서였다.

정부는 뒤도 안 돌아보고 나갔다.

방 안은 조용했다. 단은 아무것도 할 수 없었다.

바깥 상황이 어떻게 돌아가는지도 알 수 없었다.

즉위한 지 얼마 되지 않아서 가까운 신하도 장군도 없었다.

단은 구문지가 생각났다.

어린 시절 경서를 가르쳐 준 육조대신이었다.

단은 소리쳤다.

"여봐라, 누구 없느냐?"

그러자 칼을 찬 한 병사가 문을 열었다. 그리고 다시 문을 닫아버렸다.

단은 시 하나를 읊었다.

하늘이여 하늘이여,

힘이 없으면 감금당한다오.

누가 내 억울함을 풀어줄까…

누가 정의를 말할까….

한편, 정부는 다음 날 조정 회의를 열었다.

문무백관들이 도열했다.

정부가 중앙에서 황제의 석에 나와 말했다.

"황제께서 정신이 편찮으셔서 내게 전권을 위임하셨다. 이제부터 북방군 장군인 나, 정부가 전권을 행사한다."

육조대신 중 이열문이 나와 말했다.

"황제의 증세는 어떻소?"

정부가 말했다.

"황제는 정신이 이상해져서 헛소리를 하신다. 자세한 사항을 말해줄 수 없다. 지금 운비궁에 계신다."

이열문은 생각했다.

'뭔가 이상하다…. 설마 단이 정부에게 전권을 이양할 리 없지 않는가….'

한편 남방장군 충정 역시도 남방성에서 군대와 함께 주둔하며 정부가 전권을 이양받았다는 소식을 들었다.

충정은 구문지가 한 말이 생각났다.

충정은 감금한 구문지를 부른다.

노쇠한 구문지는 충정에게 나타났다.

구문지는 70세가 넘는 노인이었다.

충정이 말했다.

"대신, 저번에 미안하오. 정말로 정부가 반역을 일으켜 전권을 잡았소이다."

구문지가 말했다.

"그러게 내가 뭐랬소? 장군께서 이 대신을 믿지 않고 감금하시니, 일이 이렇게 된 거 아니오?"

충정이 말했다.

"정말로 사과드리오. 지금이라도 방법이 없겠소?"

구문지가 말했다.

"장군이 군사를 이끌고 황제를 구하시는 방법밖에는 없소."

충정이 말했다.

"북방군과 싸워서 황궁을 점령하라는 것이오?"

구문지가 말했다.

"그렇소이다."

충정이 말했다.

"그러면 나는 역적으로 몰려 참형당할 것이오. 지금 황제가 정부에게 전권을 위임했다고 알고 있소이다."

구문지가 말했다.

"그러면 동방군과 서방군에 밀사를 보내어 삼군이 함께 움직이셔야 하오. 황제를 찾은 후에 정부의 실체를 밝히는 수밖에 없소."

충정이 말했다.

"만에 하나 일이 새어나가면, 우린 몰살입니다. 더군다나 동방군과 서방군이 제 의견을 따라줄 확률도 높지 않습니다. 차라리 일이 새어나가기 전에, 남방군이 독자적으로 움직이는 게 나을 듯합니다."

구문지가 말했다.

"그럼, 장군. 이 노인은 군사에 관한 것은 모르니, 장군의 뜻대로어서 거사를 하시오."

충정이 말했다.

"알았소이다."

충정은 생각했다.

'거사는 빠를수록 좋다.'

충정은 남방군 소속 장군 준경을 불렀다.

준경은 9척 장신에 사모 한 자루를 잘 쓰는 무인이었다.

충정이 준경에게 말했다.

"오늘 새벽 군대 5,000명을 이끌고 황궁으로 들어가라. 내가 뒤에서 호응하겠다. 황궁을 점거하고 기다리라. 남방의 대군이 곧이어 황궁으로 들어간다."

준경은 말했다.

"명을 받들겠습니다."

한편 정부는 경사, 돈부, 심정과 함께 황궁 안에 앉아 있었다.

가장 사려 깊은 심정이 말했다.

"지금 황군 소속 대장군의 머리를 베고 힘으로 진압하기는 했습니다만, 군대에서 반란을 일으킬 수도 있습니다."

정부가 말했다.

"머리를 잃은 쥐새끼들이 어찌하겠는가?"

심정이 말했다.

"그래도 혹시 모르니, 장군께서는 대비하셔야 합니다. 황궁에 매복을 놓고 북방군의 경계를 강화하십시오."

정부는 옳게 여겼다.

그날 새벽, 남방성에서 기병대 5,000명을 이끈 준경은 황궁을 기습한다.

드디어 전쟁이 시작된 것이다.

때는 새벽 3시.

준경은 기마병 5,000명과 함께 황궁으로 달려갔다.

성도의 황궁은 으리으리했다.

두터운 성벽으로 둘러싸여 있었고 병사들이 경계를 서고 있었다.

새벽이라서 안개가 자욱했다.

준경은 5,000명의 군대와 함께 질풍처럼 황궁으로 달려간다.

준경이 사모를 써서 황궁 앞의 수비대에 돌격했다.

북방군 소속 황궁의 수비대는 검을 뽑아 준경을 막으려 했다.

하지만 준경은 뛰어난 무장이었다.

준경의 긴 사모창이 휘둘러지자 수비병들은 가을 낙엽처럼 죽어 나가기 시작했다.

30분도 되지 않아 준경과 5,000명의 남방군은 북방군 소속 황궁의 수비대를 몰살시킨다.

준경은 황궁의 문을 열고 들어갔다.

거대한 문이 끼익 하고 열렸다.

준경과 5,000 군대는 황실을 점거하기 위해 돌진했다.

하지만 준경은 깊이 들어갈수록 이상했다.

황궁이 너무 조용했기 때문이다.

준경은 말을 타고 5,000명과 함께 황실로 가는 길목인 정무루까지 왔다.

넓은 공터에 옥돌로 바닥이 장식되어 있었다.

주변에는 개미 한 마리조차 없었다.

그때 준경 뒤에 한 기마병이 미끄러졌다.

준경이 뒤를 돌아보며 물었다.

"어쩐 일이냐?"

그러자 그 병사가 대답했다.

"바닥이 미끄러워서 넘어졌습니다."

준경은 무언가 이상하다고 생각하고 말에서 내렸다.

그리고 손으로 바닥을 만져보고 코에 대었다.

준경은 생각했다.

'기름?'

준경이 소리쳤다.

"모두 퇴각해라. 적의 함정에 빠졌다."

남방군이 황궁을 빠져나가려는 찰나,

사방에서 경사가 이끄는 북방군이 나타났다.

북방군은 횃불을 가지고 있었다.

경사는 흑마를 타고 있었다.

경사가 손짓하자, 북방군은 횃불을 화살로 쏘아 정무루 바닥에 던졌다.

그러자 불이 붙고 기름을 타고 준경과 5,000 기마병은 혼란에 빠졌다.

심정이 세운 계략이었다.

혹여나 황궁에 침입하는 이들을 대비한 계략이었다.

마침 남방군이 황궁에 침입한 것이다.

불이 붙고 준경과 5,000 기마병은 불에 휩싸여 날뛰기 시작했다.

경사는 그 모습을 보고 손짓을 했다.

북방군 병사들이 남방군에게 돌격했다.

불에 탄 준경과 남방군은 꼼짝할 수 없었다.

북방군 병사들은 남방군 5,000 기마병을 도륙하기 시작했다.

사방에서 북방군 병사들이 나오니, 불에 그을린 남방군 병사들은 어쩔 수 없었다.

준경의 몸에도 불이 붙었다.

준경은 미친 듯이 몸을 흔들어 불을 간신히 껐다.

하지만

준경이 눈을 들어 자신의 손을 보니 살결이 타서 떨어져 내리고 있었다.

그런 준경 앞에 경사가 흑마를 타고 질풍처럼 다가왔다.

경사는 칼을 휘둘렀다. 명장 준경의 목은 허무하게 떨어졌다.

한편 충정은 남방군 대군을 이끌고 황궁으로 향하고 있었다.

그런 충정에게 남방군 소속 병사들이 그을린 몸으로 돌아와 말했다.

"준경 장군이 함정에 빠졌습니다. 기름이 가득한데 적들이 불을 놓았습니다.

저희만 간신히 살아남아 돌아왔습니다.

준경 장군 역시 돌아가셨습니다."

충정은 침착하게 계산했다.

이대로 군사를 몰아 황궁에 가면 어떤 계략이 있을지 몰랐다.

충정은 말했다.

"일단 우리 군영으로 돌아간다."

남방군은 그렇게 남방성으로 다시 돌아갔다.

정부는 첩보병들을 통해 남방군이 물러난 것을 알았다.

정부는 경사, 돈부, 심정을 불렀다.

정부가 말했다.

"남방군 쥐새끼 놈들이 황제를 구하러 황궁에 들어왔었다.

이제 서방군, 동방군도 가만있지 않을 것이다.

황제의 명령으로 위장해서 서방군, 동방군, 남방군을 해체시켜야겠다."

심정이 말했다.

"그들이 순순히 말을 들을까요? 분명 항명할 겁니다."

정부가 말했다.

"그래도 시행해야겠다."

정부는 문사를 시켜

서방장군 변념, 남방장군 충정, 동방장군 사강을 파면시킨다는 조서를 쓰게 했다.

그리고 각 장군들에게 보냈다.

황궁에서 사신이 도착했을 때 변념은 여자와 정사를 벌이고 있었다.

그때 누군가가 문을 두드렸다.

변념이 말했다.

"웬 놈이냐?"

그 누군가가 말했다.

"황제의 어명을 가지고 왔소."

변녑은 옷을 입고 문을 열었다.

한 조정 신하가 서 있었다.

그 조정 신하가 말했다.

"어명을 받으라."

변녑은 장군의 예를 갖췄다.

그 조정 신하가 말했다.

"황제의 어명이오. 동방군 변녑은 오늘부로 장군직에서 파직한다."

변녑은 생각했다.

"황제는 정신이 이상해졌다고 들었는데 황제의 어명일 리 없다. 분명 정부 그놈이 나를 두려워해서 파직시키려는 것이다."

변녑을 일어나 말했다.

"여봐라."

그러자 군인들이 나타났다.

변녑이 말했다.

"이 자를 끌고 가 목을 베라."

그 조정 대신이 소리쳤다.

"이놈!! 어찌 어명을 받은 사자를 해치느냐!!"

변녑이 말했다.

"여기서 목을 베라."

한 군인이 검을 들어 조정대신의 목을 쳤다.

순식간에 목이 떨어졌다.

그 시각 동방장군 사강에게도 명이 내려졌다.

사강은 심계가 깊은 장군이었다.

속이 뻔히 보이는 정부의 명령을 들을 수는 없었다.

군대가 해산당하면 안 되는 것이다.

사강은 말했다.

"사신은 일단 알겠습니다. 조정으로 돌아가시지요. 본 장군이 황제께 상소를 올리겠소."

사신은 명을 전하고 돌아갔다.

충정은 정부의 사신을 감금해 버렸다.

이로써, 사방장군 모두 각자 갈 길을 가게 된 것이다.

성도는 전운이 감돌았다.

북방군, 남방군, 서방군, 동방군은 각기 서로를 적대시하며, 서로를 칠 기회를 호시탐탐 노리고 있었다.

정부는 황제의 전권을 휘두르니 표면상 북방군의 명령에 복종해야 했다.

그렇게 폭풍전야 같은 시간들이 흘러가고 있었다.

한편 환은 서주의 마을에서 조정의 소식을 들었다. 황제가 제정신이 아니라서, 북방장군 정부가 대리 통치한다는 소식이었다.

환은 기도했다.

"하느님,

세상이 어지럽고 혼탁합니다. 민중들은 도탄에 빠져 있고 제 갈 길을 알지 못하나이다.

부디 저에게 대업을 이룰 기회를 주소서.

하늘을 공경하고 기도하오니 부디 소자의 소원을 들어주소서."

밝은 달이 환을 비추었다.

그때 환에게 누군가 나타났다.

사귀였다.

사귀가 말했다.

"구혼 형님의 밀서를 가지고 왔습니다."

환이 읽어보았다.

'구혼이 환에게 인사드리오.

지금 정부가 난을 일으켜 단을 감금했다는 사실을 천하는 다 아오.

우리 귀검산에서 병력을 모아 거병하려 하오.

나는 검을 쓰기에 적절한 제후를 못 만났소.

평소부터 환의 학문과 식견을 존경해 마지않았다오.

부디 환 선비께서 우리의 우두머리가 되어 주시오.'

환은 생각했다.

'하늘이 내 기도를 들어주셨는가… 이때 구혼에게 밀사가 오다니…. 귀검산과 함께 거병하자. 때는 지금이다. 민중을 수탈하는 제후에게 충성할 필요가 없는 것이다. 형제 익비도 관병에게 쫓기지 않았던가? 저들의 만행에 더 주저할 것은 없다. 지금이 천시라고 생각한다. 대의는 거병을 명하고 있다.'

환이 말했다.

"두목에게 수락한다고 전해주오."

사귀는 머리를 숙여 인사했다.

환은 그 길로 구혼을 만난다.

환과 구혼은 악수를 했다.

구혼이 말했다.

"이제 당신이 귀검산의 주인이오. 당신이 명령을 내리면, 내가 시행하겠소."

환이 말했다.

"그러면 일단 서주를 먼저 점령해야 합니다. 군사를 몰아 서주성을 점령하기로 하죠."

구혼이 말했다.

"알겠소."

환이 말했다.

"귀검산 검객들에게 농민의 복장을 시킨 후 서주성 안에 모두 천천히 모이도록 하시오.

내 저택을 쓰게 하겠소. 그리고 서주성주의 목을 베고 관청을 점거하면 끝이오. 저항하면 모두 베면 되오."

구혼이 말했다.

"알겠습니다."

그날로 귀검산의 검객들은 양민처럼 옷을 입고 환의 집에 들어오기 시작했다.

그 수는 300명이었다.

구혼 역시도 양민처럼 옷을 입고 서주성 안으로 들어왔다.

거사일이 되었다. 모두들 날카로운 검 하나를 숨긴 채로 서주성 관청에 모였다.

구혼이 신호를 보내자

300명의 검사들은 관청으로 달려들어 닥치는 대로 베기 시작했다.

2시간여가 흘렀다.

2시간 뒤에 관청 안에 살아있는 사람은 없었다.

서주성주는 욕심이 많고 세금을 거두고 폭정을 시행한 사람이었다. 그는 뇌물을 좋아했고 매관매직을 성행시켰다. 그리고 가혹한 가렴주구의 세금을 거둔 사람이었다. 그는 이번 거사로 제거당한다.

환과 구혼은 관청 청사에 앉았다.

환이 말했다.

"사람들을 시켜서 서주성주가 바뀌었다고 하시오. 나 환이 새로운 서주성주라고 전하시오."

곧 표문을 쓰니 백성들은 동요했다.

구혼이 말했다.

"이제 어떡하면 좋겠습니까?"

환이 말했다.

"백성들을 안심시키고 건장한 남자들을 모아 군대를 구성합시다. 방문을 내려 군인을 모집한다고 하시오."

구혼은 시키는 대로 했다.

환은 관청 곳간을 풀어서 백성들에게 나누어 주었다. 서주성주는 많은 재산을 축적했었고 환은 쓸 것만 남기고 모두 백성들에게 주었다.

백성들은 환을 좋아했다. 그리고 환을 새로운 서주 제후로 인정하기 시작했다.

이전 성주는 욕심이 많아 세금을 거두고 수탈했는데 환은 진심으로 백성들을 아낀다는 것을 알았기 때문이다.

사람들은 환이 새 성주가 되었음을 기뻐했다.

그리고 표문이 나타나자 많은 젊은 남성들이 군대에 가입했다.

서주성은 독립한 것이다.

조정으로부터….

환의 병력은 10만을 헤아렸다.

환은 서주성 백성들을 따뜻하게 돌보아 주었다.

또한, 엄격한 형법을 시행하여 백성들을 괴롭히는 이를 처벌했다.

환은 사법부를 세워서 수령들에게 말했다.

"만약 백성을 괴롭게 한다면 공자가 다시 살아나도 용서하지 않겠다."

서주성에 도적은 없어졌고 사람들은 즐거워했다.

그렇게 서주성은 안정되어 갔다.

의로운 선비가 정권을 잡으니 성안이 평안하고 안정되었다.

하늘은 그를 버리지 않으시고, 기회를 주시리.

재사(材士)들이여, 기회가 없다고 낙심 말게,

道를 지키고 정진한다면 언젠가 길은 열리리.

- 李雄

한편 환은 이전에 알고 지낸 사책과 주성을 불러서 군대를 훈련시키게 했다.

사책은 병서에 파묻혀 있다가, 환의 편지를 보았다.

환의 친서로 적혀 있었다.

'사책, 시국이 난망하고, 천하가 혼탁하다.

나는 예전부터 네가 병법에 뜻이 있는 것을 알고 있었다.

마침 하늘이 주신 기회인지, 서주성을 얻게 되었다.

그동안 갈고 닦은 병법을 마음껏 발휘하길 바란다.'

사책은 날카로운 눈빛을 했다. 그리고 곧바로 귀한 병서 몇 권을 추려 서주성의 제후각으로 갔다.

한편 주성 역시도 환의 친서를 받았다.

주성은 낙천적인 성격이었다.

그는 마치 놀러 가듯 신나게 노래를 부르며 제후각으로 향했다.

환은 사책과 주성을 맞이했다.

환과 사책 주성은 제후각의 탁자에 앉았다.

환이 말했다.

"지금 황제가 변고를 겪고 천하가 흔들리고 있다. 평소에 그대들의 병법을 높이 샀고, 이번 기회에 부르게 되었다. 언젠가 그 뛰어난 병법을 쓰게 될 것이다. 사책, 주성 자네 둘이 우리 서주성의 군마를 훈련시키라."

사책이 말했다.

"형님, 아니 제후, 반드시 백골난망으로 부르심에 보답하겠습니다."

주성도 말했다.

"제후의 기대에 보답하겠습니다."

그리고 사책과 주성은 서주성의 군대를 훈련시키고, 전술들을 군인들에게 익히게 하였다. 서주성은 점점 강해졌다.

한편 천하는 혼돈으로 접어들고 있었다.

정부가 정권을 잡자 기강이 문란해지고, 각지에서 반란이 일어났다.

비단 변란이 있던 것은 서주성뿐만은 아니었다.

각지에서 도적이 벌 떼처럼 일어나고 제후들은 독립했다.

군웅할거의 시대가 온 것이다.

전국시대가 온 것이다.

시국은 혼란했지만, 환이 제후로 있는 서주성은 가장 살기 좋은 곳이었다.

환은 서주에서 어진 정치로 사람들의 신임과 인망을 얻었다.

한편 남방 사천 땅에 영조라는 남자가 있었다. 환관의 아들로 태어난 그는 사천 땅의 성주였다.

영조는 시 한 수를 읊고 있었다.

하늘에 안개가 끼고 황제의 별은 희미해졌다.

내 칠성보검은 안개를 풀고 태양을 품으리.

남아로 태어나, 천하를 꿈꾸지 않는 이는 영웅이라 할 수 없네.

하늘이여 나의 붉은 야심을 보아주오.

애국 애민은 내게 없다오.

나의 재능을 불태우고 떠나고 싶을 뿐.

영조는 시를 읊고 쓸쓸히 웃었다.

그때 무골의 남자 2명이 문을 열고 들어왔다.

영조가 말했다.

"하연, 하모 왔는가."

하연과 하모라 불리는 남자가 말했다.

"형님, 지금 정부가 정권을 잡고 세상을 농락하고 있습니다. 우리도 거병하여, 천하를 얻을 때입니다."

영조가 말했다.

"이때만을 기다렸다. 즉시 존황배사(尊皇排邪)의 깃발을 들고 군대를 모집하라. 군대를 몰아 성도로 향하겠다."

하연과 하모는 말했다.

"형님, 우리도 때를 기다려 왔습니다."

영조가 존황배사의 기치를 들고 군대를 모으니 그 수가 30만을 헤아렸다.

영조는 하연과 하모에게 군마를 조련시키라고 했다.

창병, 검병, 포병의 3병으로 나누어 조련하니 그 기세가 천하를 덮는 듯했다.

영조의 소문은 천하에 퍼졌고 많은 이들이 영조에게 찾아왔다.

바야흐로 때가 온 것이다.

영조는 준비가 끝나자 전군을 소집했다.

엄청난 대군이 몰려들었다.

영조는 칠성보검을 차고

높은 단상에 올랐다.

그리고 연설을 시작했다.

"지금 간사한 장군이 황제를 감금하고, 폭정을 부리고 있다.

어진 선제가 붕어하고, 황제를 보필해야 할 장군이 야심을 품고 정권을 휘두르고 있다.

우리 군대는 정의의 군대이다.

어지러운 천하를 바로잡고, 도탄에 빠진 민중들을 구할 군대이다.

우리는 사악함을 척결하고, 국가를 구할 군대이다.

우리는 성도로 향한다.

우리가 가는 길이 정의라면, 우리가 가는 길이 진리라면,

하늘도 땅도 우리와 호응할 것이다.

우리의 검으로 천하를 구하고 백성을 구한다."

그러자 병사들은 함성을 지르기 시작했다.

그 소리는 땅을 진동시켰다.

영조는 그 길로 군대를 모아 성도로 진격한다.

한편 세작들을 통해 사천 땅에서 영조가 군대를 이끌고 성도로 향한다는 소식이 충정의 귀에도 들렸다.

충정은 남방장군으로 성도 남쪽의 수비를 맡고 있었다.

충정은 생각했다.

'내가 정부에게 파직되었지만, 임무를 해태(懈怠)할 수는 없다. 남방에서 오는 반란군은 진압해야 한다.'

영조는 존황배사의 깃발을 들고 성도로 진격했다.

하지만 남방의 호랑이 충정은 남방성에서 버티고 있었다.

그렇게 영조와 충정의 군대는 충돌하게 된다.

충정은 남방군을 이끌고 야목이라는 곳에 진을 쳤다.

야목은 산에 둘러싼 협지로 성도로 가는 길목을 막는 요새였다.

영조는 군대를 이끌고 파죽지세로 북상한다.

영조는 야목을 앞에 두고 하연, 하모와 작전회의를 하고 있었다.

하연과 하모는 형제였는데 당세 제일의 무장이었다.

과거 영조가 교위였을 시절 지방 유지가 영조를 환관의 아들이라 모욕했는데

하모는 그 소식을 듣고 그 유지의 집에 찾아가서 모두 죽여버렸다.

하모는 어린 시절부터 영조를 따랐고 형제보다 가까운 우정이었다.

영조는 그 능력을 인정받아 사천성의 제후가 죽고 제후의 뒤를 잇게 되었다.

또한 영조군의 작전회의에는 한 젊은 남자가 보였다. 그의 이름은 가곽.

가곽은 병서에 능해서 영조의 총애를 받고 있었다.

가곽의 삶은 이러했다.

영조가 제후가 된 후 무과를 열어서 인재를 모집했다.

영조는 인재가 있어야 대업을 도모할 수 있다고 생각하고 있었다.

사천 땅의 선비들은 무과 급제가 영광이라 여겼다.

영조는 '병과'라는 이름으로 무술 없이 순수 병법지만을 놓고 뽑는 시험을 주관했다.

일종의 지략가를 뽑는 시험이었다.

그 시험에서 가곽은 장원급제를 했다.

가곽을 알아본 영조는 가곽을 총애해서 그와 함께한 지 어언 5년이었다.

가곽의 나이는 35살이었다.

지도를 펼쳐놓고 군사 작전회의가 열리고 있었다.

가곽이 말했다.

"남방군 충정은 야목에 진을 쳤을 것입니다. 야목은 험지로, 성도로 들어가는 주요 방어선입니다.

지세가 높아서 돌파하려 한다면 우리 군은 손실이 많을 것입니다.

또한 충정의 용맹은 당세에 당해낼 자가 없다고 알려져 있습니다.

일단 날랜 병사들을 뽑아서 야목을 공략하는 척하면서 후퇴합니다.

그리고 1만 군대를 뽑아 서로(西路)로 몰래 들어가 충정의 뒤를 공격합니다.

이 작전이 성공해서 적군이 흔들릴 때 전군으로 야목으로 진격하는 것이 옳습니다."

영조는 기뻐하며 그대로 따랐다.

영조는 하연에게 1만 군을 주어 서로로 향하게 했다. 그리고 무관 홍조에게 날랜 군사 5,000을 주어 야목으로 향해서 거짓으로 퇴각하게 했다.

홍조가 야목으로 향하니 높은 산이 둘러져 있었고, 길은 한 곳밖에 없었다.

홍조가 천천히 진격하니 산 위에서 수많은 화살이 쏟아져 내렸다.

홍조는 급히 말머리를 돌려 퇴각하는 척을 했다.

충정은 높은 산에서 야목으로 향하는 홍조의 군대를 보고 있었다.

충정은 말했다.

"이 길목을 뚫을 수 없다. 야목은 하늘이 내려준 천연의 요지다."

그렇게 3일이 지났을까….

홍조는 3일 동안 왔다 갔다 하며 야목에서 남방군의 시야를 교란했다.

전방만을 주시하는 충정에게 3일 후 한 보고가 올라온다.

"적군이 우리 군 뒤편에서 나타났습니다. 1만여 명의 기병들이 달려오고 있습니다."

충정은 몹시 놀라 말했다.

"그들은 어디 소속이냐?"

그러자 정찰병이 말했다.

"영조군의 깃발이 휘날리고 있었습니다."

충정은 부관 위기에게 3만을 주어 뒤에 오는 군대를 막게 했다.

위기는 갑옷을 입고 적병을 맞으러 나간다.

위기가 병사들을 모아 진을 치니, 한 무인이 말을 타고 폭풍처럼 달려오고 있었다.

검붉은 말이었는데 그 속도가 무척이나 빨랐다.

영조의 형제 하연이었던 것이다.

하연은 창 하나와 방패를 들고 달려오고 있었다. 그 뒤에는 용맹한 1만 기병이 뒤따르고 있었다.

위기가 소리쳤다.

"화살을 쏘아라."

그러나 군마 인간 모두 철기를 두르고 있었다.

화살은 통하지 않고 힘없이 튕겨 나갔다.

하연이 창을 들고 닥치는 대로 남방군을 죽이기 시작했다.

위기는 말에 올라 하연을 맞았다.

위기는 큰 칼로 하연과 겨루었다.

10여 합쯤 부딪히자 양측의 실력은 기울기 시작했다.

위기 역시 뛰어난 무장이었지만 하연을 당해낼 수 없었다.

하연이 기합과 함께 위기의 목에 창을 내질렀다.

피가 솟구치며 위기는 외마디 비명과 함께 즉사했다.

위기가 죽자 나머지 군인들은 모두 투항했다.

하연은 파죽지세로 야곡을 향해 돌파해 갔다.

홍조는 계속 야곡 앞을 진격하다가 적의 화살이 준 것을 알았다.

홍조는 곧 영조에게 보고했다.

가곽이 말했다.

"이는 하연의 작전이 성공했다는 증거입니다."

영조는 대군을 몰아 야곡으로 향했다.

충정은 앞뒤에서 적을 맞이하니 정신이 없었다.

충정은 갑옷을 입고 직접 후미의 하연을 맞으러 나간다.

하연은 남방군이 진을 친 곳에 들어와 닥치는 대로 죽이고 있었다.

충정은 쌍검을 뽑아 하연과 겨루었다.

양측 실력은 호각이었다.

남방군 충정의 무예는 매우 뛰어나 사방장군 중 하나로 뽑히게 된 것이다.

충정은 선제 때 이민족을 공격했는데 충정의 손에 국가를 위협하던 이민족들은 한 명도 살아남지 못했다.

충정은 흉노족의 10대 용사를 모두 혼자서 베었었다.

선제는 충정의 무용을 높이 사서 남방장군에 임명한 것이다.

반면 하연은 천하의 무골이었다.

두 명의 호랑이가 격전을 벌이니, 용호상박인 듯했다.

하연과 충정은 무수히 공수를 오가며 화려하게 격전을 벌이고 있었다.

그러나 그 사이 영조의 대군은 야목을 넘어서고 있었다.

충정이 후방에 정신이 뺏긴 틈을 타서 야목을 넘고 있었다.

남방군은 지휘관이 하연과 격돌하고 있고, 돌발상황에서 어떻게 해야 할지 몰라,

동분서주하고 있었다.

영조는 홍조와 하모를 앞세워 야목을 넘는다.

남방군이 화살로 저항했지만,

영조의 군대는 야목으로 들어가게 된다.

치열한 접전이 벌어졌다.

그렇지만 앞뒤로 적을 맞은 남방군은 혼란에 직면했다.

그렇게 1시간여 되자 남방군의 절반이 싸늘한 시체로 변했다.

충정은 일이 틀린 것을 알고

하연을 피해, 남방군을 이끌고 빠져나가기로 마음먹는다.

충정은 큰 칼질로 하연을 뒤로 물러가게 하고 소리쳤다.

"전군 퇴각한다!! 남방성으로 퇴각한다!!"

간신히 살아남은 남방군들은 야목에서 충정을 따라 남방성으로 향했다.

영조의 완승이었다.

영조의 군대는 야목에 진을 쳤다.

영조는 승전 후 생각했다.

'이제 시작이다. 우리의 군대가 정부의 정규군을 이겼다.

조금만 더 가면 성도가 보인다.'

영조는 가곽을 불러서 앞으로의 대업을 논의했다.

한편 충정은 남방성으로 간신히 돌아올 수 있었다.

충정은 구문지를 부른다.

충정이 구문지에게 말했다.

"전에 대신의 말을 듣지 않아, 우리 남방군도 반란군에게 패했다오. 정부 이놈을 일찍 도모했으면 이런 일도 없었을 텐데….

대신 미안하지만 계책을 빌려주시오.

저 충정은 무용에만 능했지 지략에는 밝지 못합니다."

구문지가 말했다.

"이제 장군의 군대는 반토막이 나서 정부도 반란군도 어쩌지 못한다오.

성도에 방문을 내려 군대를 모집하여 병력을 충원하시오.

그리고 굳게 지키고 나가서 싸우지 마시오.

곧 반란군이 남방군을 공격하러 올 것이오."

충정은 그대로 따랐다.

한편 익비는 도성에서 거닐고 있었다.

환이 준 은자도 바닥이 난 채였다.

익비는 떠돌다가 공고를 본다.

남방군에서 군인을 모집한다는 공고였다.

익비는 그 공고를 보고 즉시 지원한다.

익비는 남방군 소속 병사가 되었다.

한편 정부는 각처에서 반란군과 도적이 끊이지 않는다는 상소를 듣고 있었다.

정부는 전권을 얻었지만 그와 동시에 혼란도 같이 얻게 되었다.

정부는 생각했다.

'결국 최후의 승자는 내가 되는 것이다. 이놈들이 서로 죽고 죽이게 하자. 그래서 힘을 갈아먹고 천하를 진압한 후 내가 황제가 되는 것이다.'

정부는 북방군을 성도에 묶어두고 상소들을 무시해 버렸다.

황궁에서 조서가 없으니 관리들도 동요했다.

각처에서 반란과 하극상이 일어났고, 범죄가 만연했다.

누구든 힘이 있으면 재물을 빼앗고 부녀자를 겁탈하니 지옥이 된 듯했다.

관병들도 제 역할을 못 했고 산적 떼와 같이 되어 버린다.

그렇게 나라 안은 무질서 아노미 상태로 돌입한다.

그릭시아의 참전

한 늙은 아랍인이 그릭시아의 성전을 거닐고 있었다.

이 아랍인의 이름은 아스터(Aster)였다.

성전은 불꽃이 둘러싸여 있었다.

아스터는 불꽃을 걷고 있었다.

아스터는 불꽃 가운데에 앉아서 경전을 읽었다.

그는 무척 경건한 그릭시아의 사제였다.

아스터는 흰 수염이 길게 나 있었고 경건한 사제복을 입고 있었다.

그의 사제복에는 불꽃 문양의 신의 상징이 새겨져 있었다.

그때 한 목소리가 들렸다.

"국사께서는 경을 읽으십니까?"

아스터가 보니

한 젊은 남자였다.

바로 그릭시아의 젊은 황제 아레스였다.

아레스는 꼬불꼬불한 금발 머리를 했고 하얀 얼굴에 키가 큰 황제였다. 또한 붉은 눈을 가지고 있었다.

아스터가 말했다.

"황제께서 성전에 오시고 어쩐 일이신지요? 저는 신께 예배드리기에 바쁩니다."

아레스가 말했다.

"동방 정벌을 논의하러 왔소."

아스터가 말했다.

"저번에도 말했잖소? 패도를 걷는 것은 신께 불경한 일이오. 젊은 혈기는 이해하나, 군대를 이끌 때에는 명분이 중요하오."

아레스가 말했다.

"지금 동방에 정변이 일어나 어린 황제가 감금당하고 늙은 여우가 집권하고 있소.

각지에서 범죄와 혼란이 가중되고 있다오.

지금이 바로 신이 주신 천시가 아니겠소?

우리 군이 동방에 들어가 혼탁한 세상을 바로잡고 질서를 세운다면 명분은 충분하지 않소?"

아스터가 말했다.

"피를 흘리는 것은 자비로우신 주의 뜻에 어긋납니다. 나는 반대하오."

아레스가 말했다.

"대사제가 우리 군에 동의하지 않으면 우리 군은 움직이지 않는 관례가 있어왔소이다.

대사제 생각이 바뀔 때까지 기다리겠소."

아레스는 걸음을 걸어 성전을 나갔다.

아스터는 아레스가 나가자 대성전에서 기도했다.

"주님, 젊은 황제는 정복 군주이옵니다.

이 노인은 말리고 말리지만 듣지 않습니다.

주님 주께서는 평화를 아끼십니다.

저는 대사제로서 전쟁에 죽어도 동의할 수 없습니다."

불꽃은 일렁거렸다.

한편 그릭시아의 황제 아레스는 황궁에서 스피오를 만났다.

스피오는 젊은 장군이었다.

아스터가 말했다.

"대사제가 동의하지 않으면 군을 움직일 수 없다. 우리의 국법이다."

스피오가 말했다.

"황제여, 대사제를 제거하시는건 어떻습니까?"

아스터가 말했다.

"두 가지 이유 때문에 안 된다. 첫째로 나는 어려서부터 대사제에게 학문과 신학을 배우며 컸다. 그는 내 아버지 같은 존재이다.

두 번째, 대사제를 죽이면 신의 저주를 받는다. 그러면 나는 지옥에 떨어질 테니 결코 그럴 수 없다.

스피오, 말을 삼가라."

스피오가 말했다.

"알겠습니다."

한편 스피오의 눈은 빛났다.

그 길로 군영에 돌아간

스피오는 라데라는 젊은 청년에게 몰래 말한다. 라데는 젊은 군인이었다.

"자네가 신도로 변장해서 성전에 들어가라. 그리고 늙은 대사제를 단검으로 찔러라."

라데가 말했다.

"알겠습니다."

그날 저녁 신도들은 대사제와 함께 예배를 드리고 있었다.

"자비로우신 주님, 영광이 영원하시도다."

사람들은 찬양하고 기도하고 있었다.

아스터는 자비롭게 성도들에게 안수하며 한 명 한 명씩 돌봐주고 있었다.

라데는 단검을 품에 넣은 채로 아스터에게 다가갔다.

라데는 안수를 받으려는 척을 하며 단검으로 찌르려 했다.

그때, 라데는 심장이 울렁거리기 시작했다.

이상한 일이었다.

라데는 땀이 비 오듯 쏟아졌다.

그리고 실신해 버린다.

사람들은 라데가 실신하자 그를 병원으로 옮겼다.

라데는 병원에 가던 도중 죽어버렸다.

하늘이 대사제를 지킨 것일까?

스피오는 암살범이 심장마비로 죽었다는 소식을 듣는다.

스피오는 혼자 중얼거렸다.

'나는 신을 믿지 않는데, 기이한 일이다. 대사제를 제거해서는 안
되겠다.'

스피오는 그 사건 이후로 대사제를 제거하려는 생각을 하지 않게
되었다.

한편 익비는 남방군에 들어간다.

군인을 뽑는 간단할 절차가 있었다.

많은 남자들이 있었다. 익비는 그중에서도 군계일학이었다.

시험관이 익비에게 무기를 써보라고 했다.

익비는 일부러 가볍게 휘둘렀다.

군관은 익비를 보더니 말했다.

"합격."

익비의 검술은 뛰어났다.

하지만 천하는 넓었다.

익비는 구혼에게도 패하지 않았던가….

익비의 남방군 생활이 시작되었다.

매일 훈련을 하고 밤에는 잠을 잤다.

하지만 익비는 밤에 혼자서 연무장에서 검을 연마했다.

익비는 검을 연마하며, 매일 기도했다.

"하느님, 최강의 검이 되고 싶습니다. 세상의 영웅호걸들을 꺾고 최강의 전사가 되고 싶습니다. 최선을 다해 노력하오니, 부디 이 몸의 소원 하나 들어주십시오.

천하는 넓습니다. 하느님.

정진하고 정진하오니, 부디 최강의 검이 될 수 있게 해주소서."

익비는 그렇게 밤마다 연무장에 나가 검을 휘둘렀다.

익비는 가상의 적을 그리며 수천 번, 수만 번 검을 휘둘렀다.

그리고 탈진한 채 잠이 들곤 했다.

그렇게 시간은 흘러갔다.

익비의 실력은 늘어만 갔다.

한편 충정은 남방군을 주둔하고, 영조와 대치하고 있었다.

영조는 작전회의를 열었다.

가곽이 말했다.

"지금 남방군에 5만 정도 병사가 있습니다.

패배한 호랑이는 웅크리고 지키고만 있습니다.

호랑이가 지키고만 있으면, 더 이상 호랑이가 아닙니다.

하연, 하모, 홍조 세 분 장군께서 세 방향으로 기습해서 충정의 목을 얻는 것입니다.

그러면 성도도 코앞에 다가올 것입니다."

홍조가 말했다.

"저는 무인이라 수많은 전쟁을 경험해 왔습니다. 남방성은 성벽이 높고 단단하여, 돌격하면 아군이 많은 피해를 입을까 두렵습니다."

가곽이 말했다.

"물론 저도 알고 있습니다. 미리 세작을 성안에 풀어놓았습니다. 그들이 불을 질러서 성을 혼란스럽게 하고 문을 열 것입니다."

영조는 빙긋 웃었다.

"위전, 저허, 황서 세 명을 성안에 보내놨네. 이들은 일당백의 용사들이다. 이들이 남방군의 성을 교란할 테니 걱정 마라."

드디어 작전 개시일이 되었다.

위전, 저허, 황서 세 명은 야심한 밤에 행동을 시작했다.

세 명의 용사는 검을 들어 보초병들을 베었다. 그리고 성안에 불을 놓았다.

남방군의 병사들이 이 세 명을 막으려 했으나 세 명의 무인은 군계일학의 무용을 보여준다.

위전은 쌍철극을 잘 썼다. 위전이 쌍철극을 휘두르니 남방군 병사들은 짚단처럼 넘어갔다.

저허는 대도를 썼다. 황서는 커다란 도끼를 썼다.

세 명의 용사가 남방군을 휘저으며 가는 곳마다 불을 질렀다.

성안은 아비규환이었다.

위전은 성벽을 지키는 남방군 수비병들을 제거하고 성문을 열어 버린다.

충정은 성안에 변란이 있고 성문이 열리자 쌍검을 들고 군대를 지휘했다.

남방군 병사들이 충정을 보고 모여들었다.

충정이 말했다.

"침착하라. 침착하라!!"

그러나 놀란 남방군 병사들은 명령이 통하지 않았다.

성안이 혼란이었다.

충정은 소리쳤다.

"어서 성문을 닫아라!! 어서!!"

하지만 위전, 저허, 황서 세 명은 남방군 안에서 혼란을 유발하고 있었다.

병사들이 충정의 말을 듣고 문을 닫으려는 찰나,

북소리가 들리며, 하연, 하모, 홍조가 세 방향에서 공격해 왔다.

단단한 남방성의 방비도 단 세 명에 의해 흔들렸던 것이다.

위전은 쌍철극으로 성문을 닫으려는 남방군 병사들을 베었다.

남방군 병사들이 위전을 막으려 했으나, 위전은 용맹을 떨쳐서 막는 남방군의 병사들을 찌르고 죽이기 시작했다.

남방군 병사들은 위전의 무용을 보고 도주하기 시작했다.

위전은 병사들을 제압하고 남방군의 성문 앞에서 문을 열고 지키고 있었다.

열린 성문으로 영조의 군대는 물밀듯이 성안으로 들어왔다.

아비규환이었다.

죽고 죽이는 살육이 계속되었다.

익비는 남방군 소속으로 검을 들고 보이는 적군을 모두 베었다.

밤은 매우 어둑했다. 군인들은 아군인지 적군인지 알아보기 힘들 정도로 깊은 어둠이었다.

피아식별이 안 되자 성안은 서로 죽고 죽이는 상태가 계속되었다.

저녁부터 시작된 살육은 새벽까지 계속되었다.

충정도 검을 들고 보이는 대로 베기 시작했다.

하지만 뛰어난 무인들이 있다고 대세가 뒤집힐 수 없었다.

이미 승부는 영조군 쪽으로 기울고 있었다.

흡사 지옥 같은 밤이 지나가고 있었다.

죽고 죽이는 끔찍한 살육전이 계속되었다.

날이 밝아왔다.

충정이 주위를 둘러보니,

살아남은 남방군은 얼마 없었다.

마치 사면초가처럼, 주변에는 영조군만 가득했다.

한편 새벽이 다가올 무렵 정신없이 전투를 하고 있는 익비는 영조군의 황서와 마주쳤다.

익비는 한눈에 맹장이라는 것을 알아봤다.

황서는 도끼를 들어 익비를 찍으려 했다.

익비는 신형을 날렵하게 피하며 커다란 도끼를 피했다.

황서는 괴력으로 익비를 쪼개러 달려들었다.

익비는 신형을 날렸다.

마치 제비가 날아오르듯 익비의 신형은 황서에게 날아들었다.

익비의 검이 황서를 스치듯 베었다.

황서는 목 반쪽이 베어지며 커다란 함성과 함께 쓰러졌다.

익비가 황서를 베자

영조군은 소리쳤다.

"저놈이 장군을 베었다. 저놈부터 죽여라."

영조군은 익비를 포위하고 공격하기 시작했다.

익비는 공격하며 한편으로 피했다.

수백의 병사들이 익비를 뒤쫓았다.

익비는 정신없이 신형을 날렸다.

그리고 한 허름한 민가에 들어갔다.

민가에는 남자와 노모가 와들와들 떨고 있었다.

익비는 말했다.

"소리 지르지 말고 조용히 하시오. 잠시 여기 숨어있겠소."

노모와 남자는 칼을 보고 겁을 먹어 소리 지르려 했다.

익비가 몸을 날려 노모의 입을 막았다. 그리고 검을 남자에게 겨눴다.

다행히 조용해졌다.

익비를 쫓는 군사들의 발걸음 소리가 들렸다.

그렇게 숨을 죽이자, 다행히 발걸음 소리는 멀어졌다.

한편 충정은 영조군 속에서 혼자 싸우고 있었다.

마치 초식동물 사이에서 혼자 용맹을 떨치는 호랑이 같았다.

충정은 영조군 200여 명을 혼자서 베었다.

그의 갑옷은 피로 물들었다.

충정은 검 두 개를 들고 활약했다.

그러나 사면초가였다.

주변은 모두 영조군으로 가득했다.

날이 밝아오자 남방군은 한 명도 보이지 않았다.

충정은 자신만이 남아있다는 것을 깨달았다.

영조군은 빙 둘러서 충정을 보고 있었다.

하지만 누구 하나 충정에게 덤벼들지 못했다.

충정이 소리쳤다.

"내가 남방장군 충정이다!!"

그 기합에 하늘을 진동시키고 땅이 흔들리는 듯했다.

영조는 말을 몰아 충정을 보았다.

가곽이 옆에서 말했다.

"과거 선제 때 충정은 이민족들을 전멸시켰습니다. 충정의 무용은 천하가 알아주는 바입니다. 주위를 포위하고 활을 쏘게 하십시오."

영조가 손을 들었다.

그러자 수백의 화살이 충정에게 쏟아졌다.

그렇지만 충정은 선제가 하사한 금 갑옷을 입고 있었다.

또한 충정은 두 검으로 급소로 날아오는 화살을 모두 쳐냈다.

화살이 지푸라기처럼 충정에게서 떨어져 나갔다.

충정이 소리쳤다.

"이 비겁한 놈들아, 내게 다가오너라!!!"

영조가 손을 들어 화살을 격발하려던 찰나,

홍조가 말했다.

"저 남자는 검으로 잡는 게 나을 것 같습니다."

영조가 말했다.

"홍조 자네의 무공은 인정한다마는, 충정은 백전불패의 용사이다. 만에 하나 자네를 잃으면 어쩌려고 하나….."

홍조가 말했다.

"두고보십시오."

홍조는 칼 하나를 들고 충정과 겨뤘다.

충정은 금 갑옷을 입고 쌍검을 들어 홍조를 맞이했다.

충정과 홍조는 검대 검으로 격투를 벌였다.

홍조는 날렵하게 금 갑옷에서 벗어난 충정의 목을 노렸다.

하지만 수십 합이 지나고 충정이 기합을 넣어 검을 쓰니

홍조의 검이 충정의 검에 두 토막 났다.

충정이 홍조를 베려던 찰나,

하모, 하연, 위전, 저허 영조군의 4명의 용사들이 홍조를 구하러 뛰어나왔다.

충정은 홍조를 베려다 말고

4명의 용사들과 겨루기 시작했다.

4명의 용사 앞에서도 충정은 기죽지 않았다.

쌍검을 휘두르며 닥치는 대로 베고 찌르니 그 무용이 심히 놀라웠다.

군인들은 빙 둘러서 경천동지의 격전을 구경했다.

그렇게 수백 합이 이어졌고 충정은 4명의 용사와 계속 겨뤘다.

영조군의 4명의 용사가 충정을 둘러싸고 공격했지만 충정을 어쩔 수 없었다.

그때 영조가 소리쳤다.

"멈춰라!!!!"

하모, 하연, 위전, 저허는 뒤로 물러났다.

영조가 충정에게 말했다.

"저는 사천성의 성주 영조라 하오. 남방장군의 무용은 잘 보았소. 우리가 그대를 대접할 테니 이만 검을 거두는 것이 어떻겠소?"

충정이 말했다.

"죽어도 네놈들에게 항복할 수 없다. 어서 덤벼라."

영조가 말했다.

"그럼 실례하겠소."

가곽이 손짓을 하자,

백 명의 군인들이 갈퀴를 던졌다.

충정은 피하려 했으나 갈퀴를 피할 수 없었다.

100여 명이 던진 갈퀴는 충정의 몸을 휘감았다.

그리고 줄을 질질 끌었다.

영조가 말했다.

"충정의 갑옷을 벗기고 감금해 놓아라."

군인들은 그대로 따랐다.

이민족을 전멸시킨 충정은 그렇게 잉여의 몸이 되었다.

영조는 충정의 갑옷을 보았다. 금으로 만들어진 게 한눈에 보아도 명품이었다. 영조는 그 갑옷을 자신이 입으려 했다.

그때 가곽이 나서서 말했다.

"명공, 남의 물건을 탐하는 것은 도가 아닙니다. 갑옷을 입으면 안 됩니다."

영조는 그 말을 옳게 여겼다.

영조는 쇠사슬로 충정을 묶었다.

그리고 지하 깊은 감옥에 가두었다.

영조는 남방성에서 말했다.

"이제 천하가 가까이 다가왔다.

도성에 진격하여 북방군을 섬멸하고 황제를 구한다."

영조는 다시 용사들과 가곽과 함께 작전회의에 돌입했다.

한편 익비는 몸을 숨기고, 전투가 끝나기까지 기다렸다.

익비는 영조의 군대가 남방성에 가득한 것을 보았다.

익비는 지친 몸으로 민가에서 나왔다. 그리고, 죽은 영조군의 옷을 바꿔 입는다.

사방에는 남방군의 시체가 널려 있었다.

익비는 칼을 차고 남방성에서 나온다.

익비는 생각했다.

'지금도 관아에서 내 목을 노리는가? 환 형님이 보고 싶다…. 하지만 환 형님에게 누가 되는 일이다.

다른 곳으로 가자.

하늘이시여, 이 익비는 위로도 밑으로도 갈 수 없소이다.

이 무부는 어디로 간단 말입니까….'

익비는 정신없이 동쪽으로 걸었다.

익비는 사람들이 없는 곳으로만 다니며, 산에서 풀로 연명했다.

그렇게 익비는 정처없이 동쪽으로 떠났다.

익비가 동쪽으로 간 지 일주일 정도 지났을 무렵,

익비의 눈에 한 기병대가 다가오고 있었다.

앞의 장군은 백색 갑옷을 입었는데 신장이 내려온 것 같았다.

익비는 신경을 끄고 지나가려 했다.

그때 백색 갑옷을 입은 남자가 익비앞에서 말을 세웠다.

백색 갑옷을 입은 남자가 부드럽게 물었다.

"성도에서 오시는 길이오?"

익비가 숨김없이 말했다.

"나는 남방군 소속이었던 익비라고 하오. 장군은 누구시오?"

그러자 그 백색 갑옷을 입은 남자가 말했다.

"나는 고운(高雲)이라고 하오. 구름이라는 뜻이오."

익비가 포권을 했다.

"뛰어난 풍채를 보니, 보통 사람이 아닌 줄 알았습니다. 어디로 가는 길이신지요?"

고운이 말했다.

"나는 고구려의 장군입니다. 우리의 동맹국 동방제국에 변고가 났다는 소식을 들었습니다.

우리 고구려에서는 나를 파견하여 동방제국을 구하기로 결정했습니다.

나는 군대를 몰고 성도에 들어가 황제를 구하러 가는 길이오. 지금 성도 상황이 어떤지 알려줄 수 있소?"

익비가 말했다.

"아시는 대로 북방군에서 반란을 일으켜 황제를 감금했소. 제후 영조가 사천에서 거병하여 성도의 남쪽을 습격했소.

남방장군 충정이 이에 맞섰으나, 패배하고 산지 죽은지 모르겠소.

남방군은 궤멸되었소."

고운이 말했다.

"대인께서 괜찮으시면 저희 군대와 함께 가시는 건 어떤지요?"

익비가 솔직히 말했다.

"저는 고향땅에서 의기를 못 참고 관병을 베고 관부에 쫓기는 몸이외다. 아무 곳도 갈 곳 없이 정처 없이 떠도는 몸이외다."

고운이 말했다.

"그러지 말고, 본 장군 역시도 뛰어난 무사라는 것을 한눈에 알아봤소이다. 같이 동행하는 것은 어떻겠습니까?

우리가 함께 황제를 구하고 천하 인민을 구합시다."

익비는 고운의 얼굴을 보았다. 옥과 같이 아름답게 생긴 얼굴이었다. 그의 등에는 커다란 칼(혈룡도)을 메고 있었다.

익비는 생각했다.

'귀검산보다는 여기가 낫겠지….

그래, 이 사람을 따라가 보자.'

익비는 말했다.

"그럼 저도 동행하겠소."

고운이 소리쳤다.

"이분께 말 하나를 드려라."

그러자 누군가가 황색 말 한 필을 익비에게 주었다.

익비는 말 위에 올라탔다.

고운이 소리쳤다.

"성도로 향한다!!"

고운의 기병대는 그렇게 자욱한 먼지를 날리며 성도로 향했다.

지금 성도에는 네 개의 대군이 대립하고 있었다.

서방장군 변념의 서방군과 성도에 주둔한 정부의 북방군, 그리고 동쪽의 사강의 군대 그리고 남쪽에서 온 영조의 군대였다.

동방장군 사강은 속이 깊어서 계산이 치밀했다.

먼저 군대를 일으켜 피를 보지 않고 병력을 주둔시키고 있었다.

서방장군 변념은 호색한에 음란했으나 때와 시기를 아는 인간이었다. 그렇기에 그 역시도 조용히 군대를 묶어놓고 있었다.

영조는 남방군을 점령하고 북상을 준비하고 있었다.

정부는 세작들을 풀어서 각 군의 동향을 살피고 있었다.

정부는 황제를 끼고 전권을 마음대로 휘둘렀다.

정부의 부장 돈부는 밤마다 궁녀들을 희롱했다.

돈부가 궁녀들을 욕보이니 그 분노가 하늘에 차는 듯했다.

또한 정부는 문관들을 싫어했다.

정부는 상소를 바치는 문관들을 닥치는 대로 죽였다.

바른말을 하다가 목이 잘린 이가 한둘이 아니었다.

그런 시기, 육조대신 상문혜는 저택을 거닐고 있었다.

상문혜는 속으로 되뇌었다.

'하늘이 우리 황조를 버리시는가… 선제께서 닦으신 대업도 이렇게 무너져 내리는가….'

상문혜는 작심한 듯 말했다.

"그래, 내가 죽더라도… 바른말은 하고 죽어야겠다…."

'저 서슬 퍼런 놈들이 칼로 해치는데, 이 늙은 목숨… 선제께 충성하고 죽자….'

상문혜는 과거를 회상했다.

과거에 급제하고 인자한 선제에게 발탁되어 일했던 지난날들….

비록 세상 전체를 바르게 할 수는 없었지만 상문혜는 최선을 다했던 것이다….

그런 국가가 지금 짓밟히고 있는 것이다. 군화에….

상문혜는 상복을 입었다.

그리고 상주가 쓰는 관을 쓰고 조정에 나아갔다.

정부는 칼을 차고 명령을 내리고 있었고, 누구도 항명을 못 했다.

상문혜가 앞에 나왔다.

정부가 말했다.

"육조대신 상문혜, 어쩐 일인가?"

상문혜가 말을 이었다.

"요순 대왕께서 국가를 건설하시고, 우리 민족은 늘 흰 옷을 입고 있었습니다. 서방에서는 우리는 동방예의지국이라고 칭했습니다.

민중들은 소박했고 욕심을 몰랐으며, 서로 돕는 상부상조의 정신을 가지고 있었습니다.

무사들은 용감했고 임전무퇴의 정신으로 이민족의 침입을 함께 이겨냈습니다.

여자들은 정숙했고 함부로 음란하지 않았습니다.

가끔 도적이 일어났으나 패퇴되었고, 우리 황조는 계속 정통을 이어왔습니다.

이민위천(以民爲天)의 정신으로 하늘을 공경했고, 백성들을 돌보았습니다.

그러나 어진 선제께서 붕어하시고, 도적이 일어나 어린 황제를 감금했습니다.

패륜이 넘치게 되었고, 세 살 먹은 어린이도 황제를 모욕했습니다.

이 죄는 씻을 수 없을 것이고, 이 한은 풀 수 없을 것이외다.

정부 당신은 어린 황제를 몰아낼 생각으로 간사한 계교를 꾀어 황제를 탄핵하고 정신이상자로 몰아 감금했습니다.

그리고 당신의 부하들은 궁녀들을 욕보였습니다.

정부 당신의 죄는 하늘에 끼쳤고 당신으로 인해 죽은 목숨은 셀수 없을 지경이외다.

나 상문혜는 당신의 죄를 물은 것이오."

경사가 분기를 못 참고 검을 들어 상문혜를 베려 했다.

그러자 정부가 껄껄 웃으며 말했다.

"하늘 따위가 나를 감히 어찌하겠는가? 자네는 그것을 바른말이라고 하는가?"

상문혜가 말했다.

"나는 힘이 없어서 당신에게 죽겠지만, 당신은 억만겁 지옥에 떨어질 것이오."

정부가 껄껄 웃으며 말했다.

"네놈이 믿는 하늘이 빠를까? 내 칼이 빠를까?"

상문혜가 대노해서 말했다.

"이놈 정부, 내가 죽어서 귀신이 돼서라도 네놈을 용서하지 않겠다."

정부가 말했다.

"형기(刑機)를 가져와라."

군인들이 고문 도구를 가져왔다.

정부가 말했다.

"일단 저놈의 손톱부터 다 빼라."

군인들은 상문혜를 묶어놓고 손톱을 뽑았다.

피가 솟구쳤지만 상문혜는 비명 하나 지르지 않았다.

정부가 말했다.

"이제 손가락을 하나씩 잘라라."

군인들은 손을 묶어놓고 손가락을 하나하나 잘랐다.

상문혜를 보니 입에 피가 흐르고 있었다.

그는 신음을 내지 않기 위해 혀를 깨물고 있었던 것이다.

10개의 손가락이 다 잘려 나갔다.

정부가 말했다.

"네놈에게 다시 묻는다. 네놈이 믿는 하늘이 빠른가? 내 검이 빠른가? 하하하하!"

상문혜는 속으로 기도했다.

'하늘이시여, 저 인간이 하늘을 능멸하고 있습니다. 저를 고문하며 기도를 능멸하고 도를 능멸하고 있습니다. 하늘이시여, 정부 저 인간이 죗값을 받게 해주소서.

하늘이시여, 하늘의 그물은 성긴 것 같아도 빠져나갈 수 없다고 했습니다. 하늘이시여… 하늘이시여….'

상문혜의 양 눈에는 눈물이 흘러나왔다.

비대한 돈부가 조롱하듯 말했다.

"계집애처럼 울고 있는가? 흐흐흐."

정부가 말했다.

"저놈의 옷을 모두 벗기고 성기를 잘라버려라. 죽을 수 있으니 끝부분만 자르고 지혈시켜라."

군인들은 그대로 했다. 늙은 상문혜의 옷을 벗기고 성기 끝부분을 잘랐다.

고통은 엄청났다.

상문혜는 실신 직전이었다.

정부가 말했다.

"다시 묻는다. 하늘이 빠른가? 내 명령이 빠른가?"

상문혜는 눈물만 흘렸다.

정부가 말했다.

"불에 달군 인두로 저놈의 혓바닥을 지져라."

돈부가 시뻘건 숯불에 인두를 가지고 왔다.

돈부는 상문혜의 입을 강제로 벌렸다.

상문혜는 속으로 생각했다.

'이 악독한 놈의 독수를 벗어나기 어렵겠구나. 내가 내 생명을 가져가는 수밖에….'

상문혜는 남은 온 힘을 다해 자신의 혀를 깨물었다.

피가 넘치고 충신 상문혜는 그렇게 죽었다.

정부가 말했다.

"저놈이 죽었구나. 시체를 개들에게 먹게 해라. 그리고 저놈의 가

솔 놈들을 한 놈도 살려두지 마라. 모두 태워버려라."

돈부는 100명의 군인과 함께 상문혜의 집에 갔다.

닥치는 대로 남녀노소 죽인 돈부는 상문혜의 고운 딸이 있는 것을 보았다.

돈부가 겁탈하려는 찰나

상문혜의 딸은 은장도로 자신의 목을 찔렀다.

돈부는 상문혜의 딸의 옷을 벗기고 칼로 가슴 부위를 도려냈다. 그리고 발정 난 말을 시켜서 상문혜 딸의 시체와 정사하게 했다.

처참한 일이었다.

정부가 상문혜를 죽이자 모두들 말이 없었다.

남은 육조대신 윤문은 기가 찰 노릇이었다.

육조대신을 처참하게 욕보이고 죽인 정부의 행위 때문이었다.

윤문은 식음을 전폐하고 조정에도 나가지 않았다.

그러던 윤문에게 한 남자가 찾아온다.

그의 이름은 가형….

날렵하게 생긴 가형은 황군의 교위로 있었다.

지금 황군은 정부의 간사한 계략으로 북방군 소속으로 편입되어 버렸다.

가형이 말했다.

"대신께서는 편찮으신지요?"

윤문은 정부의 심복이니 하고 믿지 않았다.

"요새 병이 나서, 집에 칩거하고 있소이다. 교위께서 어쩐 일이신 지요?"

가형이 말했다.

"정부 이놈이 상문혜 대신을 죽이는 것을 직접 보았습니다.

대신, 저는 황군 소속입니다. 북방군 소속이 아닙니다.

정부 이놈이 도성을 점거하고 황군도 자기 휘하에 넣었습니다.

어명이니 우리 황군도 움직이지 못하는 것입니다."

윤문이 혀를 끌끌 찼다.

"황제를 호위해야 하는 황군이 황제를 보필하지 못했으니…."

가형이 말했다.

"제가 정부 이놈을 암살하겠습니다. 대신께서 수고 좀 해주셔야 하겠습니다."

윤문이 말했다.

"무슨 계책이라도 있소?"

가형이 말했다.

"저는 교위라서 조정 회의에 들어갈 수 없습니다. 대신의 몸종으 로 속이고 조정 회의에 들어가겠습니다. 그리고 제가 검을 써서 정 부 이놈을 치겠습니다."

윤문이 말했다.

"그 뒤에 나는 어찌되는 것이오?"

가형은 아무 말 없었다. 가형은 자신의 일신의 안전만을 생각하는 윤문에 대한 분노가 치밀었으나 참았다.

가형은 말했다.

"제가 생각이 짧았습니다."

윤문이 말했다.

"그렇게 목숨을 버리지 마시오. 차라리 영조를 이용해야겠소. 듣거니 영조가 거병하여, 남방군을 섬멸했다고 하오."

가형은 속으로 생각했다.

'이 자는 일신의 안전만을 생각하나, 그래도 육조대신이라서 그런지 계산은 치밀하다. 이야기를 들어보자.'

"어떤 계책이 있으십니까?"

윤문이 말했다.

"내가 육조대신의 이름으로 글을 쓸 테니 영조에게 전해주시오."

가형이 말했다.

"감금된 황제를 위해서라면, 견마지로를 다하겠습니다."

윤문은 붓을 들어 글을 썼다.

'역적이 일어나 황제가 감금되고, 조정이 기울었습니다.

제후들은 일어나 정부를 제거하고, 황제를 구원해야 할 것이오.

지금 정부가 황제의 직인을 마음대로 사용하니 그는 실질로 역적이오.

영조는 육조대신을 대리하여 역적을 치고 황제를 구하러 군대를

이끌고 황궁으로 입궐하시오.'

윤문은 육조대신의 인장을 썼다.

윤문이 말한다.

"이 밀서가 드러나면 우리 둘 다 죽은 목숨이오. 우리 둘뿐 아니라 우리 가솔들도 모두 죽은 목숨이외다. 반드시 영조에게 전달해 주시오.

교위를 믿소이다."

가형이 말했다.

"저는 평생 무술을 익히고 교위가 되었습니다. 반드시 영조에게 전달하겠습니다."

그길로 가형은 성도를 나와 영조에게 갔다.

하늘의 도우심인지 가형은 영조의 군막에 도착했다.

남방군이 쓰던 성채를 영조의 사천군이 쓰고 있었다.

경계를 서던 군인이 가형을 보고 물었다.

"누구냐?"

가형이 말했다.

"황제의 밀서를 가지고, 제후를 만나러 왔소. 제후에게 안내해 주시오."

그러자 군인은 상부에 보고했고, 수락이 떨어졌다.

영조는 가곽과 논의하던 도중 가형을 만난다.

가형은 품에서 밀서를 꺼내어 영조에게 바쳤다.

영조는 읽고 고개를 끄떡였다.

"아무래도, 군대를 진전시킬 논의를 하던 도중 그대가 왔구나. 교위를 편히 쉬게 하도록 하라."

가형은 사양했다.

"아닙니다. 저는 밀서를 드리고 다시 돌아가려 합니다."

영조는 말했다.

"윤문 대신에게 곧 성도에 도착할 거라고 전해주시오."

가형이 말했다.

"알겠습니다."

영조는 곧 세 방향으로 군대를 몰아 도성으로 진입했다.

홍조가 이끄는 일군, 하모가 이끄는 이군, 하연이 이끄는 삼군이었다.

한편 정부는 영조가 세 방향으로 나아오고 있다는 것을 알았다.

정부는 말했다.

"이 역적 놈들이 감히 황명을 어기고 나아오다니,

경사, 돈부, 심정, 너희 셋이 나가서 호응하라.

반드시 영조의 목을 가지고 오너라."

"명을 받들겠습니다."

경사, 돈부, 심정은 북방군을 이끌고 호응했다.

북방군은 병장기를 들고 위풍당당하게 출전했다.

넓은 벌판에서 홍조가 이끄는 영조의 군대는 경사가 이끄는 북방군과 마주쳤다.

홍조가 검을 뽑고 말했다.

"정부 이 역적놈아. 어디 있느냐?"

경사는 아무 말 없이 흑총마를 끌고 장검을 잡고 홍조에게 돌진했다.

홍조도 경사와 어울리니 경천동지의 대격전이 벌어졌다.

양 장수는 갖은 무예로 주거니 받거니 했다.

홍조도 뛰어난 무장이었으나 경사가 힘과 기술에서 더 앞섰다.

홍조는 점점 밀리기 시작했다.

홍조는 경사를 당해내지 못하고, 말머리를 돌려 달아났다.

경사가 흑총마로 홍조를 쫓았다.

그도 잠시 도망치던 홍조가 몸을 돌려 경사의 머리를 벼락같이 대검으로 쳤다.

경사는 급히 몸을 흔들어 칼을 피했다.

홍조의 검은 경사의 투구를 스쳤고,

투구가 쪼개졌다.

경사의 머리는 무사했다.

경사는 함성과 함께 홍조를 덮쳤다.

홍조는 놀라 칼로 막았다.

경사는 칼로 홍조의 말을 베었다.

말이 비명을 지르며 쓰러지고 홍조도 쓰러졌다.

경사는 검을 들어 홍조를 베려 했다.

홍조는 혼신의 힘을 다해 누운 상태에서 검을 휘둘렀다.

그 검은 경사의 왼팔에 스쳤다.

홍조는 그 틈을 타서 영조군 쪽으로 뛰어갔다.

경사가 기세를 몰아 북방군을 이끌고 공격했다.

홍조가 패하자, 영조군은 사기가 떨어진 채 도망쳤다.

영조군의 대패였다.

한편 산부에서 하모는 창을 들고 돈부의 군대와 맞부딪혔다.

돈부는 커다란 철퇴를 잘 썼다.

하모가 소리쳤다.

"역적 정부 놈은 어서 목을 길게 늘어트리라!!"

돈부가 분노해서 하모와 어울렸다.

수십 합의 격전이 벌어졌다.

하모는 온 힘을 다해 돈부를 찌르려 했으나,

비대한 돈부는 생각보다 민첩했다.

하모가 온 무예를 다해도 돈부를 쓰러트릴 수 없었다.

돈부는 몸은 비대했지만 엄청나게 민첩했다.

민첩하게 철퇴를 쓰니 그 위력이 상당했다.

하모와 돈부는 그렇게 격전을 벌였다.

돈부는 철퇴로 하모의 머리를 노렸다.

하모는 한 자루의 창을 잘 썼다.

두 장수는 그렇게 수백 합을 어울렸다.

수백 합이 지날 무렵 하모가 실수(實手)를 썼다.

하모는 기합을 넣어 창에 기를 넣어 돈부를 향해 힘껏 찔렀다.

하지만 민첩한 돈부가 몸을 피하니, 하모는 몸의 중심을 잃어버렸다.

돈부가 철퇴로 내리치자 하모는 간신히 몸을 비틀어 피했지만 말에서 떨어져 버린다.

돈부는 그 틈을 타서 매서운 공세를 계속했다.

철퇴로 하모의 머리를 부수려 했다.

하모는 돈부를 당해내지 못했다.

돈부가 기세를 올리고 북방군이 공격하니 하모의 군세도 허무하게 허물어져 버렸다.

하모는 간신히 목숨을 건져서 군대를 물렸다. 역시 대패였다.

한편 심정은 전대라는 험지에서 매복을 놓고 하연을 기다렸다.

깊은 풀숲을 지나던 하연은 무언가 이상했다.

하연이 군대를 뒤로 물리려던 찰나

풀숲에서 수많은 갈고리가 던져졌다.

하연은 신기와 같이 갈고리들을 피했으나

뒤에 군인들은 그렇지 못했다.

갈고리에 뒤엉키고 넘어지니 아비규환인 듯했다.

심정이 손짓을 하자 깃발을 신호로 수많은 북방군이 쏟아져 내렸다.

갈고리에 당황한 영조군은 제대로 반격할 수 없었다.

심정의 북방군은 마음껏 영조군을 죽였다.

하연은 하는 수 없이 군대를 물려 후퇴했다.

영조군의 참패였다.

영조는 첩보병들을 통해 믿었던 세 장군 모두가 패한 것을 알았다.

영조는 비통한 표정으로 장군들을 맞았다.

홍조, 하연, 하모는 스스로 결박한 채 영조 앞에 왔다.

세 장수는 말했다.

"저희가 역량이 모자라서, 역적에게 패배하였나이다. 저희 목을 쳐 주시옵소서."

영조는 친히 다가가 오랏줄을 풀었다.

그리고 고기와 술을 내려 장군들을 위로했다.

영조가 말했다.

"승패는 병가지상사라 하지 않았는가… 장군들, 고개를 들게….

그나저나 우리가 힘으로 북방군을 부수기에는 역부족임이 드러났네… 북방군이 그토록 강할 줄이야…."

가곽이 옆에서 말했다.

"일단 남방성으로 돌아가 기회를 엿보는 것이 좋겠습니다."

영조가 옳게 여겨 영조는 남방성으로 물러났다.

한편 정부는 영조의 군대를 참패시키자 득의양양해졌다.

세 장군에게 벼슬을 더하고 나라 땅을 마음껏 주었다.

돈부는 탐욕이 많아 집집마다 다니며 젊은 여자들을 겁탈했다.

원성이 하늘에 치솟았다.

돈부는 철퇴로 마을 남자들을 심심하면 죽이고 예쁜 여자가 있으면 그 자리에서 간음했다.

하늘이 노할 짓이 벌어진 것이다.

돈부는 남편 있는 부녀자는 물론 순결한 소녀들도 마음껏 유린했다.

천인공노할 만행이었다.

사필귀정.

욕망의 주먹을 휘두르는 이.

하늘이 못 본 것 같으나 보고 있다네.

잠시 동안 인생 살고 지옥으로 떨어지니

사필귀정이란 성어 생각하네.

- 李雄

한편 익비는 고운과 같이 성도로 진격하고 있었다.

달이 밝은 어느 날 영채에서 익비는 열심을 다해 검을 연마했다.

그리고 수련이 끝나고 익비는 항상 세 번 절하고 기도했다.

"전능하신 하느님, 제 검에 힘을 주소서. 義를 위한 검을 쓰겠다고 하늘 앞에 맹세합니다.

부디 제 검으로 정의를 이룰 수 있게 해주소서.

하늘이시여, 부디 이 작은 무부의 기도를 들어주소서."

마침 비가 내렸다.

주륵주륵 소나기였다.

그런 익비 뒤로 한 옥과 같이 생긴 남자가 다가왔다. 고운이었다.

고운이 말했다.

"검에 매일 정진하시는군요."

익비가 말했다.

"반드시 천하제일검이 되려 합니다. 매일 매일 수련해도 부족함을 느낍니다."

고운이 말했다.

"하늘이 도우시고, 그대가 정진하면 언젠가 이룰 수 있겠지요. 열심히 하십니다."

익비가 말했다.

"지금 정세는 어떻소이까?"

고운이 말했다.

"이제 우리를 막고 있는 것은 성도의 동쪽을 지키는 사강이 이끄는 동방군입니다."

익비가 말했다.

"명공은 어떤 계획이신지요?"

고운이 말했다.

"여기서 군대를 잠시 멈추도록 하지요. 동방군이 정부와 격돌할 수 있습니다. 우리는 어부지리를 얻어야 합니다. 무리하게 사강과 전쟁하는 것은 좋지 않습니다."

익비가 말했다.

"명공의 혜안이 옳소…."

고운은 고구려의 기병대를 동방성에서 백 리 정도 떨어진 곳에 주둔시키고, 기회를 노렸다.

한편 서방군의 변심, 그리고 동방군의 사강은 아직 건재했다.

영조는 남방성에서 군대를 추스르고 있었고,

동방에는 고운이 고구려군을 이끌고 동방성으로 향하고 있었다.

그렇게 장기판 같은 군대 배열은 팽팽한 균형을 이루고 있었다.

한편 어린 황제 단은 비운궁에 거하고 있었다.

단이 갇혀 산 지도 어언 석 달이 넘었다.

단은 글을 주로 썼다.

아무것도 할 게 없는 단은 늘 하늘께 기도했고, 글을 남겼다.

단은 그날도 기도했다.

"과인이 실책으로 이렇게 잉여의 몸이 되었소이다.

밝은 하늘이여, 본 황제에게 빛을 비춰주소서.

하루하루가 답답하고 압박이 심하옵니다.

하늘이시여, 이 소자의 작은 마음 하나 위로해 주소서.

잉여의 몸이 된 지 석 달이 되었나이다.

세상은 박정하고, 저는 감금되었나이다.

하늘이시여, 본황에게 빛을 비춰주소서.

하늘이 아니면 누가 저를 돕는단 말이옵니까. 하늘이 아니면 누가 저를 돕는단 말이옵니까!"

쓸쓸한 적막만이 계속되었다.

하늘은 단의 기도를 듣고 있는 것일까?

한편 고운의 고구려의 군대는 동방성 근처에 진을 쳤다.

고운 옆에는 고구려의 무장 운조가 있었다.

운조는 한 자루의 창을 잘 썼다. 운조는 고구려의 가장 뛰어난 무사 중 하나였다.

고운이 군 핵심들과 작전회의를 열고 말했다.

"장군들의 생각을 말해 보시오."

운조가 말했다.

"아마 황제는 성도에 감금되어 있을 것입니다. 우리 측에 뛰어난 무사 한 명을 보내서, 황제를 알현하게 하는 게 좋다고 사료됩니다.

그리고 황제에게 조서를 받아서 우리 전쟁의 정당성을 확보해야 합니다.

우리 고구려군이 타국에 왔으니 정당성이 필요하지 않겠습니까?"

고운이 말했다.

"운조 장군, 좋은 생각이오. 성도에 잠입하려면 뛰어난 실력이 있어야 할 것이오."

익비가 나서서 말했다.

"명공, 저를 보내주십시오. 제가 황궁에 갔다 오겠습니다."

고운이 말했다.

"귀공이라면 믿을 수 있소, 귀공께서 황궁에 들어가셔서 황제를 찾아내 주십시오. 그리고 우리의 뜻을 전해주십시오."

익비가 비장하게 말했다.

"알겠습니다."

익비는 그 길로 대도를 차고 황궁으로 혼자 들어간다.

익비는 말을 타고 순식간에 동방성을 지나 황궁으로 향했다. 동방성에서 황궁까지는 이틀이면 도달할 수 있었다.

야심한 밤, 익비는 황궁에 도착했다.

황궁에는 높은 전각들이 가득했고 성벽은 두텁고 높았다.

익비는 수비병들의 눈을 피해 높은 성벽 위에 갈고리를 던졌다.

갈고리가 '챙' 하며 성벽 끝에 걸렸다.

익비는 줄을 타고 순식간에 성벽으로 뛰어 올라갔다.

보초병들은 익비를 보지 못했다.

익비는 황궁에 들어가서 중심부로 향한다.

황제가 어디 있는지 몰랐다.

익비는 황제가 감금되어 있을 만한 곳을 계속 물색했다.

익비는 검은 복면을 하고 검은 복장을 하고 있었다.

황제 단은 비운궁에 있었다.

익비는 계속해서 황궁을 배회했다.

황제가 정치를 하는 정의전(正義殿)은 정부가 사용하고 있었다.

익비는 야심한 밤 정의전 근처를 지났다.

그때 익비는 한 남자를 보게 된다.

경사였다.

익비는 경사의 눈을 피해 신형을 날렸다.

하지만 익비는 氣를 숨길 수 없었다.

경사는 정의전을 지나다가 씨익 웃는다.

그리고 단검을 하나 뽑아 던졌다.

엄청난 속도로 단검이 날아들었다.

익비는 자신의 위치가 노출된 것을 알았다.

익비는 검을 뽑아 단검을 쳐냈다.

챙 하는 소리와 함께 익비가 검을 쓰자 경사의 단검은 날아갔다.

경사는 말했다.

"쥐새끼가 숨어들었구나."

경사는 검을 뽑아 익비에게 달려들었다.

익비는 정체가 노출되면 포위되어 죽을 운명인 것이었다.

최대한 빨리 경사를 제압해야 했다.

익비는 대도를 뽑아 경사와 겨뤘다.

그렇지만 경사와 겨룬 익비는 등에 서늘한 감을 느낀다.

경사의 실력이 무척 뛰어났기 때문이다. 빨리 제압하고 자리를 떠야 하는데, 빨리 제압하기는커녕 이길 수 있을지도 미지수였다.

익비는 기도했다.

"하느님!! 부디 제 검에 힘을 주소서."

익비와 경사는 수십 합을 겨뤘다.

경사는 강한 힘과 정확도로 익비를 압박했다.

그때 경사는 갑자기 심장이 아파왔다. 자신의 지병이 도진 것이다.

경사는 생각했다.

'하필 이때 심장발작이 일어나다니….'

익비는 경사의 몸이 무언가 이상하다고 느꼈다.

익비는 순식간에 다섯 검을 휘둘러 경사를 뒤로 물러가게 하고, 순식간에 신형을 날려 도망쳤다.

경사는 식은땀을 흘리며 익비를 바라볼 수밖에 없었다.

경사를 따돌린 익비는 황궁의 전각을 헤맸다.

하늘의 도우심일까?

익비는 범상치 않은 전각을 발견했고, 신형을 날려서 그 전각의 지붕 위에 올라간다.

그 전각은 단이 감금되어 있는 비운궁이었다.

익비는 그 전각에 많은 병사들이 보초를 서고 있는 것을 보고 누군가 중요한 인물이 갇혀 있을 것이라고 예상했다.

익비가 신형을 날려 지붕 위로 올라가자,

병사들 누구도 엄청나게 빠른 익비를 보지 못했다.

익비가 지붕 위에서 안을 유심히 보자,

안에 한 남자가 보였다.

앳된 얼굴이었는데 범상치 않은 기운이 있었다.

전각 안에는

한 고귀한 남자가 경서를 읽고 있었다.

황제 단이었다.

익비는 직감적으로 황제라는 것을 알았다.

익비는 귀신처럼 신형을 날려, 전각 안으로 들어간다.

황제 단이 경서를 읽다가 앞을 보니 복면을 한, 한 남자가 서 있었다.

호랑이가 새겨진 옷을 입고 있는 남자였다.

단이 말했다.

"그대는 누구인가?"

익비가 말했다.

"저는 의병 소속 익비라고 하옵니다. 황제를 알현하기 위해 왔나이다."

단이 말했다.

"그대는 나를 구하러 왔는가? 해치러 왔는가?"

익비가 말했다.

"당연히 구하러 왔습니다."

단이 말했다.

"나에게 무엇을 원하는가?"

익비가 말했다.

"조서를 한 장 내려주십시오. 저희 의군을 황군으로 인정한다는 조서 말입니다."

단이 말했다.

"그대들은 나를 구할 역량이 되는가?"

익비가 말했다.

"반드시 간뇌도지(肝腦塗地)를 다해서라도, 황제를 구하겠습니다."

단은 곧바로 조서 한 장을 썼다.

익비가 말했다.

"지금 제가 보초병들을 다 벨 수는 없습니다. 고생스럽지만, 황제께서는 조금 더 머물러 주십시오. 반드시 구해드리겠습니다."

단은 어두운 표정으로 고개를 끄떡였다.

익비는 순식간에 신형을 날려서, 성도를 벗어났다.

익비가 떠나고 단은 혼자서 기도했다.

"하늘이시여, 소자가 하늘에게 제사를 지냈으나, 변고가 났나이다.

소자는 하늘을 원망하지 않습니다.

영원하신 하늘이여 찬송 받으소서."

단의 왼눈에는 눈물이 흘러내렸다.

한편 익비는 황제를 떠나며 마음이 좋지 않았다.

익비 역시도 하늘에 기도했다.

"하늘이시여, 황제를 지켜주소서!"

익비는 황제의 밀서를 들고 고운에게 돌아갔다. 다행히 무사히 돌아갔다.

밀서를 받은 고운은 비분강개하며 말했다.

"하늘이시여, 본 고운은 옆나라의 변고를 듣고 의를 위해 이곳에 왔나이다. 부디 의로운 일을 잘 수행할 수 있기를 바라나이다.

역적이 일어나 반란을 일으키고, 힘으로 하극상을 벌이고, 권력을 찬탈하다니, 있을 수 없는 일이옵니다.

하늘이시여, 우리 의병에 힘을 주사, 거사에 성공하게 하시고, 승리케 하소서!!"

고운은 황제의 상황을 듣자 더 지체할 수 없다는 것을 알았다.

고운은 곧 고구려의 기병대를 이끌고 성도로 향한다.

한편 동방장군 사강은 고운의 군대가 오는 것을 알았다.

사강은 중년의 남자로 심계가 무척 깊은 장군이었다.

그는 무력보다는 지력을 내세운 지장(知將)이었다.

사강은 고운에게 서신을 한 장 보낸다.

그 내용인즉, 동방성에서 고구려군에게 길을 비켜준다는 것이었다.

사강은 속을 알 수 없는 남자였다.

고운은 때가 왔다고 생각했다. 고운은 하늘이 자신을 돕는다고 생각했다.

그리고 고운은 고구려의 기병대와 함께 동방성을 지나려 한다.

고운과 고구려의 기병대가 동방성 앞까지 진군했다.

고운은 동방성 앞에서 소리쳤다.

"고구려의 군대이오! 사강 장군을 뵙고 싶소!!"

그러자 동방성의 성문이 열리며 사강이 나왔다.

몇몇의 수하 군졸만을 이끌고 있었다.

사강은 웃고 있었다.

고운이 말에서 내려 포권하며 말했다.

"길을 비켜주셔서 감사드리오."

그러자 사강이 말했다.

"어서 동방성을 지나가시오. 저는 군무가 있어서 자리를 뜨겠소."

사강은 천천히 동방성 안으로 들어갔다.

고운과 고구려의 기병대는 성문이 열린 동방성 안으로 들어갔다.

고구려의 기병대는 지체하지 않고, 지나가려 했다.

그때 고운이 잠시 말머리를 멈췄다.

고운은 군기(軍氣)를 느꼈던 것이다.

고운이 소리쳤다.

"수상하다!!"

고운이 소리쳤다.

"최대한 빨리 돌파한다. 적의 공격에 대비하라!"

고운은 혈룡마를 박차고 앞으로 달렸다.

동방성 안에는 매복이 되어 있었다.

사강은 동방군으로 다섯 겹의 매복을 동방성 안에 숨겨놓았다.

사강은 거짓으로 고운을 속이고 매복계를 쓴 것이다.

한 북소리와 함께 동방성의 성문이 굳게 닫히고 동방군들이 벌 떼처럼 고구려의 기마대를 포위했다.

고운은 혈룡도를 뽑았다.

언월도 종류의 무기였다.

신기한 것이 쇠 날이 마치 핏빛처럼 붉었다.

고운이 혈룡도를 사용하자, 동방군의 목이 마치 가을 낙엽처럼 떨어지기 시작했다.

고운은 닥치는 대로 동방군을 베기 시작했다.

익비도 말을 달려서 대도를 뽑고 고운을 거들었다.

운조 역시도 한 자루의 창을 휘두르며 매복군을 베었다.

세 명장이 무용을 떨치자 시체가 무수히 쌓였다.

하지만 사강이 만든 매복은 두터웠다.

무수히 많은 동방군이 급작스럽게 계속 공격하자 고구려의 기병대는 많은 손실을 입었다.

고운이 소리쳤다.

"앞으로 계속 진격한다!! 빨리 이곳을 돌파한다!!"

고구려의 기병대는 계속 포위망 속에서 앞으로 전진했다.

사방에서 화살이 비 오듯 쏟아지고 끝도 없이 동방군이 나타나서 길을 막았다.

고운은 혈룡도를 신기와 같이 휘둘렀다. 그리고 익비와 운조가 보좌하니 간신히 길을 열 수 있었다.

고운은 동방성의 뒤 성문까지 간신히 도달했다. 고구려의 기병대는 절반으로 줄어 있었다.

고운이 혈룡도로 성문 앞의 병사들을 베고 성문을 열었다.

고구려의 기병대는 간신히 빠져나올 수 있었다.

고운이 한탄했다.

"하늘이시여, 땅이시여, 외롭고 외로운 소자의 마음을 버리시나이까?"(애애고자심 천지기인기)

그렇게 치열했던 동방성의 전투는 막을 내렸다.

한편 조정에서 정부는 세금을 올리고, 지방에 각종 진귀한 토산물을 바치게 했다.

백성들은 세금이 올라가고, 황궁에 바칠 진귀한 토산물을 구하느라 엎친 데 덮친 격이었다.

각지에서 원성이 일어나고 황제의 권위가 땅에 떨어졌다.

동방제국은 어둠 속으로 빠져들었다.

한편 아레스는 또다시 아스터를 찾아갔다.

아스터는 불의 신전에서 예배를 드리고 있었다.

아스터에게 한 영혼이 나타났다.

그 영혼은 말했다.

"불의 사제여, 그대의 善心이 있으나, 운명은 그대를 놓아주지 않았다."

영혼은 그 말을 하고 떠났다.

아스터는 그 영혼의 말을 곰곰이 생각했다. 좋은 메시지는 아니었다.

아스터는 불의 성전 입구에서 아레스가 걸어오는 것을 보았다.

아레스의 발걸음 소리가 불의 성전에 울렸다.

아레스가 천천히 아스터 앞까지 걸어왔다.

아스터는 인자한 미소로 아레스를 맞이했다.

"대사제이자, 저의 어린 시절 스승님. 오늘은 비장한 각오를 하고 찾아왔습니다."

아스터가 말했다.

"황제께서 어쩐 일이신지요?"

아레스가 말했다.

"저는 기필코 동방을 정벌해야겠습니다. 오늘 수락하지 않으시면 이 자리에서 결코 움직이지 않겠습니다."

아스터가 고개를 젓자, 아레스는 그 자리에 앉았다.

아스터가 말했다.

"신성한 신을 섬기는 사제에게, 타국을 정벌할 것을 말하는 것은 아니오!! 불허하오!!"

아레스는 아무 말이 없이 앉아 있었다.

아스터는 저녁 예배를 드렸다. 많은 민중들이 아스터에게 와서 축복을 바랐다.

아스터는 인자하게 그들 한 명 한 명을 축복해 주었다.

아스터가 다시 불의 신전에 들어가자, 아레스가 그 자리에 앉아 있는 것을 보았다.

정말로 아레스는 그 자리에서 6시간 동안 꿈쩍도 안 한 것이다.

아스터는 아레스의 성격을 알고 있었지만, 당황했다.

아스터가 달려가서 아레스를 일으키려 했다.

"황제여, 어서 들어가시지요. 뭐 하시는 겁니까?"

아레스가 말했다.

"나는 천하통일의 꿈을 꾸고 있소. 지금 동방에 정변이 일이나,

지금 공격하는 것이 적기이오다. 그런데 나라의 관례를 깰 수는 없소이다.

대사제께서 동의하길 기다리오."

아스터가 말했다.

"결단코 안 되오. 힘으로 다른 나라를 공격하는 것은 패도이오."

아레스가 말했다.

"그러면 나 역시도 꼼짝하지 않겠나이다."

아스터는 돌아 나갔다.

다음 날 아침이 되었다.

아스터는 아침 기도를 하러 불의 신전에 들어갔다.

아스터는 아레스가 그대로 앉아 있는 것을 보았다.

아스터는 못 본 체 기도를 하려 했다.

그러나 속에서는 여러 목소리가 충돌하고 있었다.

'내가 신에 대한 계명을 잊고 전쟁에 동의할 수는 없다.'

그러나 한편으로는 이런 마음도 들었다.

'아레스를 어릴 때부터 보아왔다. 저 남자는 죽을 때까지 움직이지 않을 것이다…. 어찌해야 하나… 황제를 잃을 수는 없다.'

아스터는 기도를 드렸다.

"위대한 창조주시여, 저는 황제를 아끼는 마음이 더 크기에, 전쟁을 수락하겠나이다. 이 못난 사제를 용서하지 마소서. 결코 용서하지 마소서."

아스터는 기도를 드리고 부드럽게 아레스 옆에 갔다.

그리고 아스터는 말했다.

"황제여, 황제는 날카로운 칼입니다. 저는 황제의 칼집 역할을 해 왔습니다. 그러나 칼이 계속 밖으로 나가려 하니 칼집이 더 잡아둘 수 없군요…

본 아스터 대사제는 전쟁을 수락합니다."

아레스는 빙긋 웃었다.

"대사제께서 그러실 줄 알았소이다. 곧 출병하겠습니다."

아레스는 몸을 일으켜 빠른 걸음으로 불의 신전을 나갔다.

곧 그릭시아의 30만의 대군이 소집되었다.

모두 정예병이었다.

아레스는 폭풍처럼, 대군을 몰아 동방으로 향한다.

한편 동방제국 서쪽의 수비를 총괄하는 서방장군 변념은 여자와 성관계가 한창이었다.

변념은 미친 듯이 성교를 하고 있었다. 변념은 정욕적이고 정력 적인 인간이었다.

그때 밖에서 누군가가 말했다.

"장군의 모친께서 오셨습니다."

변념은 여자를 보내고 늙은 노모를 맞이했다.

항신이 와서 말했다.

"얘야, 내가 반찬을 친히 싸 왔단다. 군인들이 해주는 밥 말고 애미가 해주는 밥을 먹거라."

변념은 효심은 매우 깊었다.

"네, 어머니. 감사합니다."

항신이 말했다.

"내가 밤마다 꿈을 꾸는데, 네가 칼에 맞아 죽는 꿈을 꾼단다. 얘야, 조심해라. 내가 하느님께 매일 기도만 하고 있단다. 너를 보호해 달라고… 이 늙은 애미는 너밖에 모른단다…. 얘야 조심해라… 조심해라…."

변념은 말했다.

"어머니, 저는 미신 따윈 믿지 않습니다. 그만 들어가시지요."

항신이 말했다.

"아가야 몸조심해라…. 이 애미는 들어간다."

항신은 말했다.

"이 애미가 기도 하나 하고 가자꾸나."

변념이 말했다.

"어머니 좋을 대로 하세요."

변념은 여자를 좋아했으나 효심이 무척 깊은 남자였다.

항신이 두 손을 모으고 기도했다.

"자비로우신 주여, 우리 아들을 지켜 주소서. 망나니에 당신을 믿지 않지만, 그래도 심성은 착한 애입니다. 자비로우신 주여… 우리

아들을 지켜주소서. 내가 가장 사랑하는 하나밖에 없는 아들이옵니다…."

항신은 눈물을 흘리고 집으로 돌아갔다.

변념은 항신이 나가자 여자를 다시 불렀다.

변심은 성교를 하며 생각했다.

'내가 전장을 누빈 지 어언 20년, 나는 미신 따위 믿지 않는다. 전쟁은 실력이다. 실력이 있는 자는 이기고 실력이 없는 자는 죽는다. 아주 단순한 법칙이다.'

한편 기병대와 중장보병을 앞세운 아레스의 군대는 동방으로 향했다.

당시 단의 감금으로 동방의 제국은 통치력을 잃었다.

또한 아레스를 막을 수 있는 제후도 없었다.

아레스의 군대는 폭풍처럼 성도로 향한다. 파죽지세였다.

변념은 성도 동쪽에 주둔하다가 급보를 받는다.

"장군, 서양의 대군이 침입했습니다."

변념은 속으로 생각했다.

'올 것이 왔구나….'

변념은 말했다.

"양태 너는 3만을 이끌고 북방군의 침입을 대비하라. 내가 직접 서양군을 부수겠다."

양태가 말했다.

"명을 받들겠습니다."

변녕은 10만 대군을 이끌고 서양군을 맞으러 떠난다.

한편 변녕과 함께 군영을 거닐었던 서양 여자가 아레스의 군영에 나타났다.

그녀는 아레스에게 무릎을 꿇고 책 한 권을 바쳤다.

아레스는 씽긋 웃었다.

"헬레나. 수고했다."

아레스는 천천히 그 책을 폈다. 그 안에는 동방제국의 군대와 부대 무기 배치도가 들어있었다.

변녕은 자신이 성관계했던 서양 여자가 적국의 첩자인 줄은 꿈에도 몰랐던 것이다.

헬레나는 몰래 잠입하여 변녕을 만나 그의 군대 도감을 훔쳐 갔던 것이었다.

오래전부터 헬레나는 아레스에게 보고를 꾸준히 해왔다.

아레스는 오래전부터 동방제국을 정벌할 생각이었던 것이다.

지피지기 백전백승이라 했던가….

아레스는 동방제국 변녕의 전술과 그의 군대의 무기 체계 파악을 완료한 후였다.

그런 일이 있는 줄 모르는

변녕은 장팔사모를 들고 직접 선봉에 선다.

서방군의 삼군이 나열했다.

커다란 벌판에서 아레스의 군대와 변념의 군대가 만났다.

계략을 쓸 만한 공간은 거의 없었다.

양군은 진영과 힘 그리고 훈련으로 승부하는 것이었다.

아레스는 중장보병을 앞세웠다.

철갑을 두르고 긴 창을 지닌 병사들이 일렬로 천천히 진격했다.

서양의 군대였다.

변념은 말을 타고 사모를 들고 병사들과 함께 돌격했다.

변념의 무용은 뛰어났다.

하지만 서양 중장보병들은 진영을 갖추어 변념과 군대를 맞이했다.

중장보병들이 뻗어대는 긴 창에 순식간에 변념의 군대들이 족족 쓰러졌다.

서양의 군대는 고도의 훈련을 갖춘 부대였다.

용맹스러운 이민족들을 모두 정벌하고 대제국을 건설한 아레스의 군대였다.

서양의 군대에 개인의 무용은 거의 통하지 않았다.

또한 동방제국을 정벌하기 위해, 각고의 훈련을 해온 군대였다.

변념은 말을 타고 좌충우돌했지만 단단한 성벽에 둘러싸인 느낌이었다.

변념의 기병대는 속수무책으로 죽어 나가고 있었다.

서양 병사들이 찌르는 긴 창에 변심의 기병대는 힘을 쓰지 못했다.

변념은 이대로 가다가는 더 사상자가 생길 거라고 생각했다.

변념은 소리쳤다.

"전군 퇴각한다!!"

변념의 기병대의 시체가 들판에 널려 있었다.

한편 첩자 수행을 위해 변념과 잤던 헬레나는 남편 아르골레스를 만났다.

아르골레스는 이민족 출신으로 아레스에게 항복했다.

아르골레스는 이민족에서 가장 뛰어난 전사였다.

아레스에게 충성 맹세를 한 아르골레스는 높은 위치에 올라가고 싶어 했다.

그래서 그는 자신의 아내 헬레나마저 군대에 동원한 것이었다….

헬레나는 아르골레스를 돕고자 하는 마음으로 첩자 역할을 했다.

동양 장군과 잠자리도 같이하면서….

뛰어난 미모의 헬레나를 본 변념은 헬레나에게 군대 기밀까지도 가르쳐 주게 된다.

아르골레스는 헬레나를 맞이했다.

"수고했소, 여보."

헬레나가 말했다.

"저는 군대의 기밀을 얻었지만 그 대가로 동양인과 무수한 성관계를 했어요.”

아르골레스가 말했다.

“국가를 위한 일인데 어찌 내가 그대를 미워하겠소?”

그렇지만 아르골레스의 표정은 일그러져 있었다.

그 시각 아레스는 중장보병을 이끌고 변념의 뒤를 계속 추격했다.

중장보병은 느렸지만 천천히 변념의 목젖으로 향했다.

변념은 속으로 생각했다.

‘이런. 내가 너무 자만한 거다…. 서양의 군대는 우리 군대를 잘 알고 있었다. 마치 짜고 치는 듯이 우리 군대를 사냥했다…. 어디서 정보가 샌 걸까….’

변념은 곧 군대를 추스르고 서방 성채 안에 들어갔다.

아레스의 군대는 목젖까지 따라붙었다.

아레스는 서방성을 포위하고 투석기를 배치했다.

아레스가 말을 타고 소리쳤다.

“사격 개시!!”

그러자 투석기가 날아들었다. 쇠공 같기도 한 것이었는데 순식간에 성벽이 허물어져 내렸다.

변념의 군대는 투석기에 맞아서 엄청난 사상자가 발생했다.

비명이 속출하고 서방군은 전의를 잃어버렸다.

아레스는 소리쳤다.

"전군 진격!!!"

그러자 무너진 성벽으로 중장보병이 천천히 걸어들어갔다.

진영을 갖추고 온몸에 갑옷을 두르고 있었다.

변녑의 부하들은 도망치기 바빴다.

서방군이 와해되는 순간이었다.

한편 아르골레스는 공성전이 시작되자 헬레나를 뒤로하고, 갑옷을 입지 않은 채로 변녑을 찾아다녔다.

공을 세우겠다는 욕망과, 아내와 간통한 동양장군에 대한 미묘한 분노가 일고 있었다.

거대한 서양 검 하나를 든 아르골레스는 닥치는 대로 변녑의 부하들을 베고 있었다.

그런 아르골레스 눈에 한 화려한 갑옷을 입은 동양인이 보였다.

변녑이었다.

아르골레스는 그가 자신의 아내를 농락한 변녑임을 알았다.

아르골레스는 힘찬 함성과 함께 변녑에게 공격해 들어간다.

변녑은 경황이 없던 도중,

아르골레스의 습격을 받았다.

아르골레스는 검으로 질풍처럼 변녑을 공격했다.

변녑도 맞받아치려고 했으나, 경황이 없어서인지 실력 발휘가 되지 않았다.

한편 그릭시아의 황제 아레스는 전쟁을 총지휘하고 있었다.

아레스가 소리쳤다.

"모두 서방성에 불을 놓아라."

그러자 중장보병들은 성 여러 군데에 불을 놓았다.

아레스가 소리쳤다.

"군인도 민간인도 단 한 놈도 살려두지 마라."

병사들은 명령을 수행했다.

지옥도가 펼쳐졌다.

성안에 불이 붙고, 민가에서 뛰쳐나온 사람들은 비명을 질러댔다.

아레스의 중장보병들은 닥치는 대로 찔러 죽이기 시작했다.

긴 창에 무수히 많은 사람들이 죽어 나갔다.

군인이고 어른이고 아이이고 여자이고 할 것 없이,

갑옷을 두른 병사들은 학살을 자행하고 있었다.

한편 지옥도 가운데 서방장군 변념은 아르골레스와 계속 싸우고 있었다.

아르골레스는 뛰어난 야만족 출신으로 변념을 쉴 새 없이 몰아붙였다.

그때였다.

변념의 어머니 항신이 변념을 찾아 헤매다 변념을 발견했다.

"아가야!!!"

항신은 절규하듯 말했다.

변념은 어머니의 목소리를 듣자 심경이 크게 동요했다.

그때 아르골레스의 검이 번뜩였다.

변념은 오른팔이 잘려 나갔다.

"아가야!!!!!!!!!"

항신은 절규했다.

변념은 정신없이 어머니를 안고 도망치기 시작했다.

아르골레스는 충혈된 눈으로 끝까지 변념을 쫓았다.

거리가 좁혀졌다.

아무래도 사람을 안고 뛰다 보니 느릴 수밖에 없었다.

아르골레스는 짧은 창을 온 힘을 다해 던졌다.

아내의 복수였다.

짧은 창은 정확히 변념이 안고 있는 변념의 어머니 항신의 목에 꽂혔다.

피가 솟구쳤다.

항신이 울며 말했다.

"아가야, 어서 도망가라… 어서 도망….."

항신은 힘없이 고개를 푹 숙였다.

변념은 분노하여 어머니의 시체를 놓고 남은 왼팔로 검을 빼 들었다.

잘린 오른팔은 온데간데없었고 지혈조차 되지 않았다.

변념은 칼을 뽑고 달려들다가 세상이 하얗게 변하며 혼절하고 만다.

아르골레스는 칼로 변념의 목을 베려다 망설인다.

아르골레스는 생각했다.

'이 자는 내 아내를 농간했고, 나는 이 자의 어머니를 죽였다. 이 정도면 된 듯하다.

내가 무슨 질투인가… 가서 아내를 사랑해 주면 되는 것이다. 여기서 이놈을 죽이면, 질투 때문에 죽였다고 사람들이 나를 욕할 것이다.'

아르골레스는 검을 꼽고는 뒤로 돌아 가버렸다.

그날 저녁 서방성은 지옥으로 변했다.

아레스의 군대는 거의 모든 서방성 군민들을 학살했다.

불이 붙고 폐허가 된 곳에 아레스의 군대는 주둔했다.

한편 변념은 혼절해서 깨어났다.

오른팔이 없었다.

너무 허전했다.

이제 장애를 가지고 살아가야 하는 것이다.

어머니 항신의 시체가 옆에 있었다.

목에는 창이 꽂혀 있었다.

변념은 한바탕 통곡했다.

그리고 말했다.

"어머니 사랑합니다. 어머니 사랑합니다."

변녑은 전에 신에게 했던 맹세가 떠올라 온몸을 쥐어뜯었다.

남자의 절규였다.

변녑은 남은 왼팔로 어머니를 정성껏 묻었다.

그리고 맹세한다.

"신이시여, 저의 불경죄로 이런 일이 일어났습니다. 저는 수도사가 되겠습니다. 남은 생을 신께 헌신하겠습니다."

그리고 변녑은 칼을 들어 자신의 성기를 잘라버린다.

"신이시여, 이 행위가 당신에 대한 진실된 맹세입니다."

변녑은 지혈을 하고 나무를 잘라 지팡이를 하나 만들어서 산속으로 들어간다.

달빛이 그를 비추었다.

군대를 정비하고 있는 아레스 앞에 한 노인이 찾아왔다.

아스터였다.

아레스는 예를 갖추어 아스터를 맞이했다.

아스터가 말했다.

"많은 살육을 하셨군요….."

아레스가 말했다.

"어쩔 수 없지요. 동양인들이 많이 남아있으면 분명 반란을 꾀하고 우리 제국 군대를 공격할 겁니다. 전략상 모두 몰살시키는 수밖에 없습니다."

아스터는 한숨을 쉬었다.

"전쟁을 하면 많은 인명이 살상될 줄을 알고 있었소…."

아레스가 말했다.

"저는 부친의 뒤를 이어 황제가 되었습니다. 부친은 세계통일이 꿈이셨죠. 하지만 중간에 병사하셔야 했습니다.

저는 선친의 유지를 받들어 동방의 제국을 정벌해야 합니다."

아스터가 말했다.

"내가 그것을 왜 모르겠소… 다만 자비하신 주님께서 좋아하지 않으실 일이오. 많은 사람들을 죽이는 것은….."

그러자 아레스가 말했다.

"우리 중 누가 신을 알겠습니까? 역사상 수많은 전쟁이 일어났고 죽어갔습니다. 신께서는 모든 것을 묵인하셨다고 믿습니다. 대사제, 마음 놓으십시오."

아스터가 말했다.

"내가 불의 성전에서 참회의 기도를 올리겠소….."

아레스가 말했다.

"대사제께서 좋을 대로 하십시오."

아스터가 말했다.

"불의 아들이여… 그대의 불은 뜨겁도다. 누구도 끌 수 없을 만큼… 그대가 죽기까지 꺼지지 않으리….."

아스터는 한숨을 쉬고 뒤로 돌아 나갔다.

한편 아레스는 다음 전략을 계속 생각하고 있었다.

아레스는 서양의 장기인 코끼리 부대를 앞세워서 동방제국의 군대를 돌파할 계획을 세웠다.

아레스의 군대는 동양의 군대와 달랐다. 코끼리 부대, 전차부대, 그리고 무엇보다 중장보병은 위협적이었다.

아레스는 군대를 사열했다. 이제 천하통일의 때가 아레스에게 가까워진 것이다.

변녕의 서방군이 대패했다는 소식이 천하에 퍼졌다.

아레스 황제가 대군을 이끌고 동양제국을 정벌한다는 사실도….

정부는 황궁에서 변녕의 군대가 전멸했다는 소식을 들었다.

경사, 심정, 돈부는 정부 옆에 있었다.

정부가 말했다.

"이거 일이 까다롭게 됐군. 반란군들도 들고 일어나는 판에, 서양까지 침범했으니… 자네들은 어떤 생각인가?"

경사가 말했다.

"제게 철기 3만을 주십시오. 가서 서양 놈들을 짓밟아 버리고 오겠습니다."

심정은 잠시 생각하다가 말했다.

"일본군을 부르는 것이 좋겠습니다. 전통적으로 일본군은 우리 제국에 우호적이었습니다. 우리 군대를 상하게 하느니, 일본군을 불러들여서 서양 군대와 전쟁을 하게 하는 것입니다. 그러면 우리 북방군은 피를 흘리지 않고 이익을 얻을 수 있습니다."

정부는 심정의 말을 옳게 여겼다.

정부는 곧 황제의 옥새를 써서 일본국에 군대 원조를 요구한다.

당시 일본 천황은 히로토미였다.

히로토미는 곧 각료 회의를 연다.

병권 대신 사카모토가 말했다.

"이번 기회에 천황께서 중원을 정벌하는 것이 어떠신지요?"

히로토미가 음산한 눈으로 말했다.

"이번이 기회이다. 중국 놈들이 우리에게 원군을 요청했으니, 대군을 이끌고 중원으로 향한다.

그리고 우리가 중원을 차지한다."

사카모토가 말했다.

"아지 장군에게 명을 내리겠습니다.

우리 군대를 이끌고 삼군을 휘몰아 중원으로 향하는 겁니다."

히로토미가 말했다.

"곧 출병을 준비하라."

그렇게 일본군은 중원으로 향한다.

그렇게 동서양의 군대가 격전을 벌이는 일이 생겨났던 것이다.

한편 그릭시아의 헬레나는 계속 변념 생각이 났다.

그와 했던 정사 장면들이 스쳐 지나갔고 야릇한 쾌감을 계속 느꼈다.

비록 스파이로 변념과 만난 것이었지만 말이다.

아르골레스는 헬레나를 보았다.

그는 한편으로는 기분이 나빴다.

아르골레스의 머릿속에는 헬레나가 그 동양 장군과 정사하는 장면이 계속 떠올랐다.

아르골레스는 무척이나 괴로웠다.

아르골레스는 불의 성전에 나아가서 기도했다.

아레스의 군대는 가는 곳마다 불의 성전을 세워서 타지에서도 기도할 수 있었다.

아르골레스는 불의 제단 앞에서 심경을 토로했다.

"신이시여, 제 아내가 다른 남자와 정사했습니다.

그녀를 볼 때마다 그녀가 다른 남자와 정사하는 장면이 떠오릅니다.

죽고 싶을 만큼 괴롭습니다.

신이시여, 그럼에도 불구하고 저는 아내를 사랑하고 싶습니다."

아르골레스는 축 늘어진 채로 불의 성전을 나왔다.

한편 자신의 성기를 잘라버린 변념은 산속에서 명상과 금식을 계속했다.

변념은 끝없이 후회했다.

왜 과거에는 그렇게 살았을까….

변념은 철학적 사색 속으로 빠져든다.

쾌락… 당시에는 즐거웠다. 하지만 남는 것은 없었던 것이다.

변녑은 피골이 상접해질 때까지 명상한다.

신은 정말 계시는가….

그분은 어떤 분인가….

변녑은 알 수 없는 상념으로 미로 속에서 사색을 계속했다.

사실 신앙심 깊은 어머니 밑에서 자라면서 변녑은 부모의 영향을 받았다.

어린 시절에는 기도도 해보았다.

하지만 활기차고 남자다운 변녑은 신에게 별 흥미를 가지지 못했던 것이다.

변녑은 성장하고 신을 믿지 않게 되었다.

그리고 무인이 되어 선제와 함께 이민족을 정벌하며 공을 세워 서방장군까지 올라갔던 것이다.

변녑은 군대가 모두 섬멸당하고 노모가 죽고 팔 하나가 잘린 상태에서, 의지할 곳은 신밖에 없다는 것을 알게 되었다.

변녑은 지푸라기라도 잡는 심정으로 신을 의지해 본다.

그런 변녑에게 어머니 항신의 말이 생각했다.

"얘야, 하늘을 공경해라. 얘야, 하늘을 공경해라."

변녑은 죽은 어머니의 무덤 앞에서 죽은 어머니는 어떻게 되었는지 궁금했다.

변녑은 소멸론자였다.

인간이 태어나 자라고 죽으면 사라진다고 믿고 있었다.

그렇게 미로 속을 헤매던 도중

변념은 어머니 무덤 앞에서 잠이 들었다.

그런데 생생한 꿈을 꿨다.

어머니 항신을 만났다.

어머니 항신은 늙은 모습이 아니었다.

젊고 아리따운 여자였다.

변념은 처음에는 어머니를 알아보기가 쉽지 않았다.

그런데 항신이 따뜻하게 다가와 말했다.

"얘야, 여기서 하느님을 일심으로 섬긴 공로로 나는 좋은 곳에 있단다. 내 걱정은 말아라. 아가야, 네가 어디 있든 이 어머니가 항상 함께 있을 테니까.

살아서도 너를 위해 기도했고, 죽어서도 살아서 너를 위해 기도한단다. 얘야, 걱정 말거라."

변념은 깨어났다.

한바탕 꿈이었다.

그렇지만 너무도 생생한 현실 같았다.

변념은 무릎을 꿇고 신에게 감사 기도를 올렸다.

변념은 칼을 들어 머리를 밀어버린다.

그리고 다시 앉아서 명상을 계속했다.

한편 헬레나는 짜증이 계속 나고 있었다.

분명 황제 아레스의 명령으로 타국에 첩자로 가서 몸을 썼던 것이다.

이번 일에 성공하면 남편 아르골레스는 군대의 높은 곳에 오른다는 황제의 약속을 받았었다.

헬레나는 아르골레스를 알고 있었고, 그가 군대에서 높은 직위를 원하는 것도 알고 있었다.

그래서 자신을 희생해서 아르골레스에게 도움이 되고 싶었던 것이다.

그렇지만 성관계를 하고, 예전 같지 않다는 것을 알게 되었다.

남편에 대한 애정도 식었고 매사에 짜증이 났던 것이다.

헬레나는 생각했다.

'나는 남편을 위해 그런 일을 했는데, 사실 남편에게 큰 죄를 지은 것이다… 어떡해야 하나….'

아르골레스는 내색하지 않고 헬레나를 따뜻하게 대했다.

헬레나는 짜증이 났지만 참고 둘은 계속 아레스의 군대에서 동방 원정을 시행한다.

한편 남방성에서 북방군에게 대패한 영조는 전열을 가다듬고 있었다.

제후 영조는 간신히 군사들의 사기를 올리고 병력을 점검하고 남방성에서 버티고 있었다.

어느 정도 병세(兵勢)가 안정되자 가곽은 영조에게 말했다.

"지금 서양제국에서 공격해 들어와 서방군을 섬멸시켰습니다. 제후께서 이제 확실히 할 때가 되었습니다."

그러자 영조가 불편한 기색으로 말했다.

"무슨 말이오, 모사?"

가곽이 말했다.

"제후께서는 황제를 보필하기 원하십니까? 아니면 황제가 되기를 원하십니까?"

영조는 말했다.

"용이 어찌 못 속의 물건이겠소?"

가곽이 말했다.

"알겠습니다. 제후의 뜻에 따른 계책 선택이 필요했습니다."

영조가 말했다.

"모사께서는 어떤 계책이 있으신지요?"

가곽이 말했다.

"제후들이 연합하는 것입니다. 지금 우리 군세로는 북방군조차 이기기 어렵습니다."

영조가 말했다.

"좋은 생각이오."

가곽이 말했다.

"첩자들을 들으니 서주에 환이 제후가 되었다고 합니다. 그는 성실하고 바른 선비입니다. 인망이 두터워지고 민심이 그쪽으로 쏠리고 있습니다.

그리고 동이족 고운이 병마를 몰고 황제를 구하기 위해 왔습니다.

고운과 환을 포섭하십시오.

명목상으로 힘을 합쳐서 황제를 구하겠다고 하시고 명공께서 그들을 부리십시오. 우리는 힘을 키워야 합니다."

영조가 말했다.

"좋은 계책이오."

영조는 자신의 형제 같은 무장 하후와 하연을 환과 고운에게 보낸다.

황제를 구하고 나라를 구하기 위해 같이 힘을 합세하자는 친서였다.

환은 서주 땅의 제후가 된 후로 정치에 열심이었다.

가는 곳곳마다 백성들을 위로하고 서주의 군량까지 털어서 빈민을 구제했다.

사람들의 칭송이 자자했다.

환은 또한 직접 재판하여, 시시비비를 가리니 사람들은 환을 인정하고 좋아했다.

서주 땅은 전란 시대임에도 불구하고 아주 살기 좋은 땅이 되어 있었다.

환은 서주성에서 정치를 하며 시가를 지었다.

높은 하늘이 현자를 내시고,

선왕들은 백성들을 위해 봉사했네.

열심으로 하늘 섬기듯 백성 보니,

천하가 태평하네.

그런 환에게 음산한 괴인이 다가왔다.

검의 명수 구혼이었다.

구혼이 음산하게 말했다.

"제후 영조에게 친서가 도착했다고 합니다."

환이 서주각에서 사자를 맞이했다.

하후였다.

하후는 예를 갖추고 말했다.

"지금 천하가 혼란하여, 각지에서 민란과 반란이 끊이지 않습니다.

역적 정부 놈이 황제를 감금하고 국정을 농단하니 그 폐해가 심합니다.

제후 영조는 의기로 거병하여 북상하던 도중

역적 놈들의 군세로 인하여 잠시 머물고 있습니다.

제후 영조께서는 여러 제후들이 힘을 합쳐

황제를 구하고 나라를 구하기 위한 결단을 내렸습니다.

그렇기에 서주의 병마를 가지고 우리 군에 와서 함께 황제를 구하자는 내용입니다."

환이 말했다.

"신하 된 자로서 어찌 황제의 어려움을 외면할 수 있겠소. 다만 서주 땅에서 백성들을 돌보느라 함부로 군사를 쓰지는 못했소.

이제 기회가 왔으니 함께 황제를 구하는 것이 옳소이다."

환은 사책에게 명하여 서주의 병마를 점검하고 출병 날짜를 잡으라고 했다.

사책은 아무 말 없이 명령을 수행한다.

하후가 떠나고, 환은 길일을 택해서 제사를 지냈다.

환은 먼저 하늘에 절하고,

선황들에게 배례했다.

그리고 하늘의 도우심을 바랐다.

환은 스스로 글을 지어 제문을 올렸다.

"푸른 하늘이여,

천하가 혼탁하고, 패륜이 난무하여,

소자는 심히 괴롭고 근심하였나이다.

선제께서 붕어하시고, 황제 단이 변고를 겪어 나라 안팎이 고단하옵니다.

이에 의병을 일으켜 황제를 구하고, 도탄에 빠진 백성들을 구원하려 하오니,

푸른 하늘이여, 저 환의 뜻을 어여삐 여겨 주시고, 제게 대의를 펼 힘을 주소서."

환이 제문을 올리자

구혼과 귀검산의 검객들은 모두 무릎을 꿇었다.

환은 하늘에 절을 했다.

그렇게 출병이 시작되었다.

서주의 군대는 성도로 향했다.

한편 하연은 서쪽에 주둔하고 있는 고운을 찾아갔다.

고운은 동이족으로 고구려라는 나라에서 왔다.

하연은 고운에게 역시 하후와 같은 말을 했다.

고운은 몹시 기뻐했다.

"힘을 합쳐서 역적을 멸한다면, 어찌 좋은 일 아니겠습니까?"

고운은 그 길로 병마를 이끌고 영조에게 간다.

영조 고운이 먼저 만났다.

영조는 고운을 보았다.

고구려의 제후였다.

영조는 데운 술 한 잔을 건넸다.

고운은 영조를 보자 말에서 뛰어내려

영조가 건넨 술 한 잔을 마셨다.

두 남자는 서로를 보며 호탕하게 웃었다.

마치 오래전 만난 지기 같았다.

얼마 지나지 않아 환이 도착했다.

서주의 병마를 모두 이끌고 온 것이다.

환은 향리들에게 민생을 당부하고 또 당부하고 서주를 떠나왔다.

영조와 고운은 환을 반갑게 맞이했다.

환이 인사했다.

"당대의 제후들을 만나서 영광이오. 저는 서주의 선비였던 환이라고 합니다."

고운이 반갑게 인사했다.

"저는 고구려에서 온 고운이라고 합니다."

환이 말했다.

"먼 길을 달려오셨군요. 반드시 우리 함께 대의를 이룹시다."

영조가 말했다.

"다들 여기서 이러지 말고 연회를 엽시다."

영조는 성대하게 연회를 열었다.

무장들은 바깥에서 함께 식사를 했고

제후들 셋은 따로 식사를 했다.

영조는 환의 인품과 학식에 감탄했다.

고운 역시 마찬가지였다.

환은 영조를 보았다. 날카로운 눈빛을 한 남자였다.

환은 영조의 눈빛에서 야심을 읽었다.

하지만 환은 말하지 않은 채 덮어두었다.

환은 고운을 보았다.

구름 운 자처럼 맑고 깨끗한 영혼이었다.

한편으로는 용처럼 강력한 힘을 영혼에 간직하고 있었다.

셋은 그동안 있었던 일들을 이야기하며, 가까워져 갔다.

나이를 따져보니 영조가 가장 많고 그다음에 환, 그다음에 고운이었다.

제후들의 맹주 자리를 논해야 했다.

영조가 말했다.

"우리 모두 제후의 몸인데 상하귀천이 있겠소? 그렇지만 군대를 움직이기 위해서는 맹주가 있어야 하는 법이외다. 누가 맹주가 될 것이오?"

환이 말했다.

"저는, 학문을 해서 군사에 관한 것은 박식하지 못합니다. 두 분 중 한 분이 맹주를 하셨으면 좋겠습니다."

고운이 말했다.

"저는 고구려에서 왔기에 맹주 자리에는 적합하지 않습니다. 동방제국을 돕고, 다시 귀국할 몸이외다."

영조가 말했다.

"그러면, 제가 잠시 맹주 자리에 앉겠습니다."

환과 고운도 동의했다.

영조가 말했다.

"우리 의형제를 맺는 게 어떻겠소? 나는 마치 형제들을 보는 것 같소."

환과 고운도 영조를 보니, 심오한 영혼을 가지고 있었고 매우 반가웠다. 환과 고운도 동의했다.

영조가 말했다.

"우리가 이렇게 만났으니, 천하를 위해 함께해야 할 것이오. 또한, 하늘에 제사를 지내 우리가 만났음을 알립시다."

환과 고운도 동의했다.

셋은 길일을 택해 하늘에 제사를 올렸다. 환이 제문을 썼다.

"하늘이시여,

영조, 고운 그리고 저 환은 천하를 위해 애국위민을 위해 이렇게 함께하게 되었습니다.

우리 셋은 만남은 짧으나 서로를 아끼고 사랑하기에 의형제를 맺게 되었나이다.

높으심으로 우리를 보아 주시옵시고, 우리 세 형제가 대의를 이루도록 천시를 주시옵소서.

또한 저희 셋은 義를 위하여 함께하오니, 부디 자비로우심으로 아껴 주소서."

영조, 환, 고운은 하늘 앞에 절을 했다.

마침 신선한 바람이 불어왔다.

영조, 환, 고운은 기분이 좋았다.

셋은 天禮를 지내고 천하의 일을 논의한다.

한 고급 나무로 만들어진 원탁에 세 명의 제후가 앉았다.

영조가 먼저 말을 꺼냈다.

"그러면 이제는 군사의 일을 논의합시다. 어떤 고견들이 있으시오?"

환이 말했다.

"두 가지 계책이 있습니다. 먼저 성도로 진격하여 정부의 목을 베는 방법과, 서양의 대군과 정부가 전쟁하도록 한 후 어부지리를 얻는 방법이 있습니다. 형제들은 어떻게 생각하시오?"

영조가 말했다.

"나는 후자를 택한다오. 먼저 섣불리 군사를 일으키기보다는 어부지리를 얻는 것이 맞소이다."

고운은 말했다.

"저는, 쾌도난마의 기세로 정부의 목을 베고 황제를 먼저 구하는 것이 옳다고 보입니다. 우리 셋의 병마를 합쳤으니, 북방군도 우리의 상대가 되지 않을 것입니다. 만에 하나 서양의 대군이 성도를 점령하면 국민들의 피해가 클 것이고, 국운도 쇠퇴할 것입니다. 황제를 구하지 못할 수도 있습니다."

환이 말했다.

"저 역시 고운 형제의 말에 동의합니다."

영조는 잠시 생각하다가 말했다.

"두 형제의 뜻이 그러하니 알겠소. 곧 병마를 출병시키겠소."

그렇게 제후들은 뜻을 모았다.

환은 전략회의를 마치고 바깥으로 나왔다.

한 익숙한 남자가 서 있었다.

환은 한눈에 알아보았다.

익비였다.

환의 눈에는 눈물이 떨어져 내렸다.

익비의 눈에서도 눈물이 흐르고 있었다.

환이 말했다.

"아우, 고생 많았는가?"

익비는 환에게 달려가 부둥켜안았다.

"형님!!!"

환이 익비의 등을 토닥였다.

익비는 어린아이처럼 환의 품 안에서 울었다.

"형님, 보고 싶었습니다."

환이 말했다.

"자비로우신 하늘이 너를 만나게 하신 듯하다."

익비가 말했다.

"저는 천신만고 끝에 고운 명공을 만나서 함께하게 되었습니다. 형님이 이곳에 오실 줄 몰랐습니다."

환이 말했다.

"고생 많았다. 고생 많았다."

아름다운 달빛이 두 명을 비추었다.

한편 불의 성전에서 아스터는 찬송을 하고 있었다.

"높고 자비로우신 주, 영원하시도다. 그 무궁하심으로 낮은 하계를 돌보시나 아는 이 없도다."

그런 아스터 앞에 한 영혼이 나타났다.

그 영혼은 죽은 동양인이었다.

그 영혼은 이를 갈며 저주했다.

"네놈들이 우리나라에 들어와 우리 가족을 몰살시켰다. 네놈들은 뒈질 것이다."

아스터는 아무 말이 없었다.

그의 마음은 찢어지게 아팠다.

자비로운 대사제는 후회되기도 했으나, 황제를 막을 수는 없었던 것이다.

아스터가 말했다.

"이보게, 죽어서도 그렇게 원한을 가지면 되겠는가? 이제는 편히 쉬게."

그 영혼은 충혈된 눈으로 아스터를 말없이 보더니 사라졌다.

아스터는 생각했다.

'아! 얼마나 많은 인명이 죽어야 하는가… 얼마나 많은 사람이 눈물지어야 하는가…

신이시여, 아레스의 말대로 유사 이래로 끊임없는 전쟁이 있었나이다.

이것이 신의 뜻이라면, 적어도 당신께서 허용하신 우리 세상의 법칙이라면

이 늙은 종은 겸허히 받아들이나니…

찬송 받으소서….'

성도의 한 마을, 한 외팔이 남자가 걷고 있었다. 체격은 건장했고 승복을 입고 있었다.

그는 한 손으로 지팡이를 들어 걷고 있었다.

한 주점에 들어간 그는 승복은 아랑곳하지 않고 말했다.

"여기 술과 고기를 가져와라."

점원은 분위기가 심상치 않았지만, 말없이 술과 고기를 가져왔다.

그는 고기와 술을 한 팔로 마구 먹었다.

걸신들린 사람 같았다.

한참을 먹고 5인분 치를 순식간에 먹은 중은 은자 더미 하나를 던

졌다.

점원이 받아보니 식사비보다 많았다.

그 중은 소리쳤다.

"대장부가 태어나, 팔을 잃고 병신이 되었네.

스스로 거세하니, 영웅들 나를 조소할 것이오.

하지만 일심(一心)은 어쩌지 못하겠소."

그리고 중은 흐느적흐느적 걸어갔다.

그 중은 성도의 한 커다란 절에 들어갔다.

사람들이 오가며 불공을 드리고 있었다.

그 중은 아랑곳하지 않고 들어가서, 소리쳤다.

"여기 주지가 누구냐?"

그러자 험악한 표정을 한 중들 4명이 다가왔다.

그리고 말은 점잖게 했다.

"어디서 오셨소? 여기 아무나 오는 곳이 아니오."

그러자 외팔이 중은 배알이 뒤틀렸는지 박도 하나를 꺼냈다.

그러자 4명의 중들이 그 외팔이 중을 공격했다.

찰나도 지나지 않아 4명의 목은 떨어졌다.

그 중은 소리쳤다.

"여기 주지가 누구냐?"

그러자 봉을 든 중들이 그 외팔이 중에게 달려들었다.

외팔이 중은 박도를 쓰는데 신기에 가까웠다.

치고 베니, 순식간에 수십 명의 중들이 쓰러졌다.

한 노인이 나타났다.

"제가 주지이옵니다. 나리는 누구신지요?"

그러자 외팔이 중이 박도를 칼집에 꽂고 말했다.

"네놈과 할 이야기가 있다."

주지는 공손히 외팔이 중을 방으로 안내했다.

외팔이 중은 말했다.

"네놈의 도는 어떤 것이냐?"

그러자 주지는 당황하고 두려워서 말했다.

"그저 기도… 아니, 아니, 세상은 공이고 허무…."

외팔이 중은 한눈에 주지는 종교에 관심이 없고, 세속적인 인간
이라는 것을 알아보았다.

그 외팔이 중의 박도가 번쩍였다.

순식간에 주지의 목이 떨어져 내렸다.

외팔이 중은 대웅전 앞에 갔다.

그리고 한칼에 부처의 머리를 베어버렸다.

그리고 무릎을 꿇고 기도했다.

"신이시여, 세속은 당신을 이용한 쓰레기들뿐입니다. 코흘리개
서민들의 기복신앙을 이용해 장사하는 쓰레기외다.

신이시여, 당신을 대리하여 그들의 목을 쳤나이다. 하하하하!"

그 외팔이 중은 부처의 머리를 밟았다.

엄청난 힘에 부처의 머리는 부서져 내렸다.

그 외팔이 중은 중얼거리듯 말했다.

"부처라… 세상이 덧없으면 네놈은 왜 여기 있었는가…."

그리고 외팔이 중은 흐느적거리며 대웅전을 나갔다.

외팔이 중은 절에 불을 놓아 태워버렸다.

외팔이 중은 산속으로 들어갔다.

그는 다시 앉아서 명상을 시작했다.

그 중은 바로 서방장군 변념이었다.

명상을 하고 있는 변념의 동굴이었다. 변념은 해가 떠오르는 것을 보았다.

변함없이 해는 떠올랐다.

변념은 한 손으로 합장을 했다.

한편 동방제국의 남방에는 엄청난 수의 병선이 몰려오고 있었다.

주민들은 두려워서 집을 버리고 달아났다.

한 美將이 병선을 지휘하고 있었다.

백마를 타고 검을 들고 서 있었다.

그는 바로 일본의 '아지'였다.

일본의 대군이 동방제국에 들어온 것이다.

병선에서는 수많은 무사들이 살기가 등등한 채 내렸다.

동방제국의 주권은 미약해져서 그들을 막을 수가 없었다.

일본의 대군은 빠른 속도로 성도로 북상한다.

그 시각 심정, 경사, 정부는 성도에서 작전회의를 열고 있었다.

심정이 말했다.

"장군, 일본의 원군이 도착했습니다. 일본군을 이용해서 반란군을 쓸어버리고 힘을 합쳐서 서양 놈들을 베는 겁니다."

정부는 하얀 수염을 내리 만졌다.

정부가 말했다.

"이제 시간이 된 것 같다."

심정이 물어보았다.

"무슨 말씀이신지요?"

정부가 말했다.

"내가 제위에 오를 시간이 되었다는 것이다."

심정이 말했다.

"아직 서양의 대군이 있고 반란군이 있는데, 즉위는 너무 빠르지 않습니까? 장군…."

정부가 말했다.

"아니다. 내가 황제가 되어 위엄을 사해에 떨치고, 반란군 서양 놈들을 쓸어버리겠다. 그러면 누구도 내게 말을 하지 못하고 나를 인정할 것이다."

심정이 말했다.

"숙고해 주십시오, 장군."

하지만 정부는 듣지 않았다.

젊은 경사는 아무 말 없이 앉아 있었다.

정부는 그 길로 칼을 차고 군사들과 비운궁에 들어갔다.

단은 앉아서 경전을 읽고 있었다.

정부는 한 종이를 들이밀었다.

그리고 칼을 뽑았다.

"황제여, 이곳에 옥새를 찍으시오."

단은 만사가 귀찮아졌다.

문서를 읽지도 않고, 옥새를 찍었다.

그 문서는 황제의 모든 권리를 포기한다는 문서였다.

정부는 단을 무시하는 눈으로 보고는, 비운궁을 나가버렸다.

정부는 단을 쌓고 즉위했다.

문무백관들이 늘어선 가운데, 육조대신 중 살아남은 문학서가 낭독하고, 천자의 탄생을 알렸다.

정부는 나라 이름을 정(鄭)이라고 했다.

문무백관들은 정부에게 복종해서 누구도 바른말을 못 했다.

정부는 정나라의 황제가 되었다.

정부는 명령했다.

"이전 선황들의 신주를 모두 태워버려라."

군인들은 이전 선황들에게 제사를 지내던 신주를 모두 태워버렸다.

정부는 조서를 내려서 각 주에 보냈다.

새로운 황제가 탄생했다는 조서였다.

하지만 민심은 싸늘했다.

사람들은 후회했다.

어린 단을 보필하지 못한 것을….

정부가 꾀를 썼을 때 사람들은 함께 어린 황제 단을 욕했던 것이다.

이제 어둠의 시대가 찾아왔다.

법의 권위는 떨어지고 힘만이 득세했다.

사농공상의 체계도 엉망이 되었다.

신분이 낮은 사람들이 칼로 저잣거리를 헤집고 다녔다.

젊은이가 늙은이를 마음껏 쳤다.

사람들은 고통 속에 떨어야 했다.

나라 안에 패륜이 가득하고 사람들은 방자하게 행동했다.

사람들은 돈만 있으면 누구나 향리가 될 수 있었다.

매관매직이 성행했다.

부자들은 돈을 내고 관직을 얻었으며, 관직을 얻으면,

세금을 마음대로 거두어서 본전을 찾았다.

각종 세금을 만들어내서 민중에게 부과하니, 백성들의 고통이 심했다.

뇌물을 받고 범죄자들을 풀어주었고,

재판 또한 불공정했다.

또한 부자들은 재산 불리기에 혈안이 되어 토지를 모으고 금품들을 모아들였다.

나라가 기울고 있었다.

인간의 깊은 속 모른다마는,

고삐가 풀리고, 자유를 얻으면

탐욕의 동물로 변한다네.

어찌 예를 논했겠는가.

하늘이시여, 귀한 인간은 자유가 되어도 법에 어긋남이 없는 이.

- 李雄

구문지는 풀려난 이후로 저택에 머물고 조정에 나가지 않았다.

구문지는 선황의 신주 앞에서 매일 통곡했다.

망국의 화(火)가 나라 안에 들어온 것이다.

한편 일본군은 거침없이 북상하고 있었다.

아지는 군기를 단속했으나, 낭인이 가득한 일본 군대는 가는 곳마다 범죄를 저질렀다.

부녀자들을 겁탈하고 목을 베니, 동방제국에는 끔찍함이 가득했다.

한 일본군이 말했다.

"요즘 검을 새로 갈았는데 날이 잘 드는지 시험해 봐야겠다."

다른 일본군이 말했다.

"저 새끼 목을 한번 쳐보자."

그 일본군은 지나가던 중년의 남성의 목을 쳤다.

그 일본군이 말했다.

"쓸 만한데?"

이런 천인공로의 만행에도 하늘은 조용했다.

아지는 일본의 대군을 몰아 북상했다.

한편 동방장군 사강은 생각이 복잡했다.

정부가 정나라를 세우고 황제가 된 것을 알았기 때문이다.

사강은 고뇌했다.

정부 밑으로 들어가야 하는지, 아니면 제후가 될 것인지….

사강은 중년의 심계가 깊은 남자였다.

사강은 선제를 생각했다.

인자한 선제는 사강에게 늘 동방의 수비를 맡겼던 것이다.

그렇지만 물은 엎질러졌고 망국의 족쇄는 막을 수가 없었던 것이다.

사강은 선제의 초상화 앞에서 향을 피웠다.

사강은 쓸쓸히 웃었다.

곧 첩보병들에게 보고가 들어왔다.

일본군이 북상하고 있다는 소식이었다.

아지는 사강에게 전갈을 보냈다.

"항복하지 않으면 모두 죽이겠다."

아주 짧은 문서였다.

부관 박승이 말했다.

"길을 비킬 수는 없습니다. 죽기로 일본군과 싸워야 합니다."

사강은 씁쓸히 웃으며 말했다.

"전군 일본군에 항복한다."

박승이 말했다.

"어떻게 전쟁 한 번 안 하고 항복하십니까?"

사강이 말했다.

"박승, 인간이란 때가 있지. 늘 혈기만을 앞세워서는 안 된다. 때로는 굽힐 때도 필요한 법."

박승은 소리쳤다.

"비굴하십니다!!"

사강은 씁쓸히 웃었다.

"다시 말하지만, 일본군에 항복한다. 백기를 올리고 아지에게 글을 보내라."

박승은 이해할 수 없다는 듯이 밖으로 나갔다.

그리고 크게 소리쳤다.

동방군에는 백기가 올랐다.

일본군 아지는 투항을 받아들였다.

사강은 아지를 만나러 갔다.

아지는 젊은 미소년이었다.

아지는 일본 무사들을 일렬로 나열해 놓고 사강을 맞이했다.

사강은 천천히 가서 아지 앞에 무릎을 꿇었다.

"동방장군 사강이 항복하러 왔습니다."

아지가 말했다.

"몸소 찾아와주시고, 수고가 많으셨소. 귀공의 군대의 생명은 모두 보존해 드리겠소. 다만 군을 해체하시오."

사강이 말했다.

"아지 장군. 우리 동방군을 해체하는 것은 아니라고 보오. 우리 군대가 일본군과 합세하여 전투할 테니, 우리 군을 보존하여 주시오.

손자병법에도 남의 군대를 보존하는 것이 궤멸시키는 것보다 낫다고 하지 않았소이까?"

사강은 훗날을 위해 그런 계획을 세운 것이었다.

그러자 아지는 곰곰이 생각했다.

'동방군을 아군으로 만들면 우리의 군세는 더 커질 것이다. 사강의 군대를 해체하지 말아야겠다.'

곧이어 사강에게 부드럽게 말했다.

"수고스럽지만, 장군께서는 동방제국의 군대를 잘 알고 있으니 우리 군에서 수고를 해주셔야겠소."

사강이 말했다.

"알겠소이다."

하지만, 아지는 당시에 몰랐다. 그 선택이 얼마나 후회될 일이었는지를….

그날 저녁, 박승은 사강의 생각을 모르고 칼로 자신의 배를 찔렀다.

박승은 그리고 죽어가며 피로 글 하나를 남겼다.

'하늘이시여, 무인으로 태어나 칼 한 번 휘두르지 못하고,

군을 잃어야 했나이다.

저의 한을 담아 짧은 혈서를 하늘에 드리고 세상을 하직하나이다.

무인이 되어 치욕스러운 항복을 했으니 살아서 무엇하리오.'

박승은 그렇게 눈을 감았다.

한편 영조는 가곽을 불러서 물었다.

"이제 공의 말처럼, 제후들을 모았소이다. 앞으로는 어떻게 해야 천하를 얻을 수 있겠는가?"

가곽이 말했다.

"천하의 군주가 되려면 재목이 필요합니다. 세상에 있는 뜻있는 재사들이 모여들게 하소서.

그들 중에 동량지재를 뽑아 문무를 배치시켜야 합니다.”

영조는 말했다.

“알겠소.”

영조는 구국위민의 깃발을 내걸고 사람들을 모집했다.

병사들부터 선비까지 무수히 많은 사람들이 영조에게 몰려왔다.

영조는 그들을 일일이 다 만날 수 없었다.

그러던 도중 영조는 군문에서 한 선비를 보았다.

영조는 한눈에 범상치 않은 선비라는 것을 알 수 있었다.

영조는 그 선비에게 다가가 물었다.

“그대의 이름은 무엇이오?”

“저는 유상이라고 합니다.”

영조는 그 선비를 기이하게 여겨 여러 가지를 물어보았다.

그 선비는 박학다식했다.

영조는 그 선비를 군사로 삼았다.

유상은 영조에게 한 권의 책을 건넸다.

영조가 보니 병법서였다.

향천미필군서(向天美筆軍書)라고 적혀 있었다.

유상이 말했다.

“제가 최선의 연구로 만들어낸 병법서입니다. 대업에 반드시 도
움이 될 것입니다.”

영조는 몹시 기뻐했다.

"내가 자네를 얻으니 천하를 얻은 듯 든든하오. 앞으로 격식 없이 이야기를 나눠봅시다."

유상이 말했다.

"예를 잃지 않겠습니다."

영조는 즐거워서 그날 술을 많이 마셨다.

한편 변념은 동굴 속에서 추위와 싸우고 있었다.

변념은 아무리 명상과 사색을 했지만,

깨달음을 얻을 수 없었던 것이다.

환청과 환시가 변념을 계속 괴롭혔다.

변념은 동굴 속에 쌓아 둔 경을 읽으려 했다.

하지만 자신과 맞지 않다는 것을 알게 되었다.

변념은 불을 놓아 경을 모두 태워버린다.

그리고 계속 명상을 했다.

변념은 산에서 병사들의 함성을 들었다.

변념이 보니, 서양의 군대가 자신이 있던 서방성에 주둔하고 있었다.

변념은 여러 가지 상념으로 괴로웠다.

변념이 명상을 하고 있는데, 약초를 캐는 아낙들이 왔다.

아낙들은 변념을 보고 놀랐으나 팔 하나가 없는 것을 보았다.

"병신이었네, 쯧쯧."

다른 아낙이 말했다.

"폐인인가 보오. 그냥 갑시다."

변념은 분노가 끓어올라서 박도에 손을 대었다. 하지만 너털웃음을 짓고 다시 합장을 했다.

변념은 산 위에서 서양의 군대를 계속 지켜보았다.

중장보병들이 질서 있게 훈련하고 있었다.

변념은 한편으로 참패가 생각나서 원통하고 분했다.

또한 죽은 어머니 항신 생각도 났다.

변념은 말했다.

"하늘이시여, 외팔이 병신이 되었으니, 아녀자들도 나를 모욕하는 구려. 이제 세상에서 무엇을 하고 살아야 할지 막막하구려.

부처도 예수도 제자를 찾았소이다. 조로아스터도 포교하러 갔소이다.

이 몸은 신을 위해 무엇을 해야 하오?

어린 백성들에게 관세음보살 이름만 불러도 은총을 받는다고 전해야 하오?

아니면 의상처럼 화엄경을 써야 하오?

아니면 칼뱅처럼 왕에게 신학서를 헌사해야 하오?

루터처럼 불의와 싸워야 하오?

하늘이시여, 저는 저올시다."

그런데 한 서양 여자가 산에 올라오는 것을 보았다.

변념은 아레스의 첩자 헬레나라는 것을 알았다.

변녑은 속은 것을 알고 매우 분했다.

변녑은 생각했다.

'다 끝난 일이다. 내가 여자를 좋아하다가 전군이 몰살당하고 나도 팔이 잘렸구나… 내 탓이다, 내 탓이야….'

헬레나는 변녑에게 말했다.

"한참을 찾아 헤매었습니다. 잘 있으셨는지요?"

변녑이 말했다.

"댁의 남편이 내 팔을 잘랐소이다. 덕분에 잘 있소이다."

헬레나가 말했다.

"여기 먹을 것을 가지고 왔어요. 당신이 있는 곳을 계속 찾았습니다. 한 달간."

변녑이 말했다.

"마음대로 하시오. 다시는 내 눈앞에 띄지 마시오."

헬레나는 아무 말 없이 산을 내려갔다.

한편 헬레나는 군영에 몰래 들어가려 했다.

그런데 아르골레스가 나타났다.

"어딜 갔다 오는 거요?"

헬레나는 다급해서 거짓말을 했다.

"잠시 나갔다 오는 길입니다."

아르골레스가 말했다.

"변녑을 찾으러 갔소?"

헬레나가 말했다.

"어찌 거짓말을 하겠습니까?"

아르골레스가 말했다.

"당신이 선택하시오. 변녕과 나 아르골레스 사이를. 둘 중 한 명은 영원히 볼 수 없을 것이오."

헬레나는 당황해서 눈물을 흘렸다.

"저는 변녕에게도 당신에게도 미안합니다. 다 제 탓입니다."

아르골레스가 말했다.

"헬레나, 자유롭게 선택하시오."

헬레나가 말했다.

"알겠습니다."

헬레나는 그날 목 놓아 울었다.

그리고 단검을 자신의 가슴을 찔러 자살했다.

한편 충정은 영조군의 지하감옥에 갇혀 있었다. 쇠사슬로 단단히 결박해 놓았다.

충정은 간신히 목숨만을 유지하고 있었다.

충정은 어느 날 죽은 척을 했다.

병사들이 충정에게 식사를 주러 들어왔다.

충정은 숨을 참은 채 계속 죽은 척을 했다.

병사들이 말했다.

"이 사람이 죽었나 보다."

"상부에 보고하자."

병사들은 상부에 보고했다.

영조는 충정이 죽은 것을 애석히 여겼다. 평소 사려 깊은 영조였으나, 보고를 의심 없이 믿어버렸다.

영조는 말했다.

"시신을 예우해서 묻어드려라."

병사들은 명령대로 충정에게 다가가서 쇠사슬을 풀었다.

충정은 쇠사슬이 풀리자마자 맨손으로 병사의 목을 잡았다.

충정이 힘을 주자 병사의 목뼈가 부서졌다.

한 병사는 너무 겁이 나서 주저앉아 버렸다.

충정은 순식간에 죽은 병사의 검을 뽑아 머리를 베어 버렸다.

충정은 죽은 병사의 옷을 바꿔 입고 병사의 시신에 자신의 옷을 입혔다.

그리고 시신을 가지고 밖으로 나갔다.

충정이 말했다.

"한 병사는 뒤처리를 하느라 조금 늦습니다."

보초병들은 의심 없이 충정을 보냈다.

올라간 충정은 계속 시신을 끌고 밖으로 나갔다.

경계병들은 의심 없이 군무를 보는 병사인 줄 알고 충정을 군영 바깥으로 통과시켰다.

충정은 바깥으로 나가 어디론가 사라졌다.

한편 일본군을 지휘하는 아지는 사강의 항복을 받고 빠른 속도로 일본군을 진격시켜 성도 근처까지 왔다.

아지는 닌자부대를 불렀다.

닌자부대는 아지에게 다가왔다.

아지가 말했다.

"너희들은 도성에 가서, 정부를 암살하라."

닌자부대는 명을 받고 성도로 향했다. 그 수는 12명이었다.

닌자부대는 귀신처럼 황궁으로 접근했다.

그들은 암살에 특화된 일본 제일의 암살부대였다.

한편 경사는 칼을 차고 황궁 안을 거닐고 있었다.

경사는 예리한 눈빛으로 그림자처럼 움직이는 닌자부대를 보았다.

경사는 순식간에 검을 뽑아 던졌다.

귀신처럼 움직이던 한 닌자에 명중했다.

피가 흘렀다.

나머지 닌자들은 동료가 당하자 경사를 귀신처럼 포위했다.

닌자들은 원형의 진을 만들고 표창을 던졌다.

그렇지만 경사의 모습은 보이지 않았다.

닌자들이 경사를 찾을 찰나, 경사가 원 바깥에서 나타났다.

경사는 단검 하나를 뽑더니 순식간에 닌자의 목을 찔렀다.

닌자가 짚단처럼 쓰러졌다.

나머지 닌자들이 경사를 포위하려고 움직이려 할 때 경사가 더 빠르게 움직였다.

닌자들은 황궁 벽 구석으로 몰렸다.

경사는 순식간에 단검으로 10검을 넣었다.

모두 닌자들의 목에 정확히 꽂혀 있었다.

경사는 씨익 웃고는 병사들을 불렀다.

병사들이 다가오자 경사는 말했다.

"이놈들의 신원을 확인해 보아라. 쓰는 솜씨를 보니 일본 놈들이다."

병사들이 시체들을 뒤적거리자 일본어로 새겨진 명패가 나왔다.

병사들은 공손히 경사에게 명패를 바쳤다.

경사는 명패를 손에 쥐고 정부를 만나러 간다.

정부는 흰 수염으로 촛불을 켜놓고 앉아 있었다.

경사가 말했다.

"정 황제, 일본 놈들이 좋은 뜻으로 온 것이 아닙니다. 일본군 소속 닌자들이 황궁을 급습했습니다."

정부는 말했다.

"내가 이리를 불러들였구나. 일본군이 감히 대륙을 침범하다니, 모두 몰살시켜야겠다."

정부는 경사와 심정을 불러서 경사에게는 서쪽을, 심정에게는 동쪽을 수비하게 했다.

각기 북군과 어림군 30만을 이끌고 나가게 했다.

그리고 정부는 남은 군대로 도성을 지켰다.

정부의 명령이 떨어지고, 경사와 심정은 따로 만났다.

심정이 먼저 경사에게 말했다.

"그때 반란을 맹세했었지. 그런데 자네 선제 때와 뭐가 다른가?"

경사가 말했다.

"군인에서 황제 직속 가장 높은 무관이 된 정도 아니겠나."

심정이 말했다.

"지금 정부는 풍전등화라네. 서쪽에서 동쪽에서 대군이 밀려오고 제후들이 북상할 것일세."

경사는 아무 말이 없었다.

심정이 말했다.

"차라리 정부를 죽여버리고 여기를 떠나는 것은 어떤가? 왜 우리가 정부에게 충성해야 하나?"

경사가 말했다.

"정부를 죽여버리고 어떡할 건가? 자네가 황제라도 될 셈인가?"

심정이 말했다.

"차라리 우리를 따르는 군사들이나 모아서 산채나 여세."

경사가 말했다.

"나는 반대야. 나는 무인이네. 서양 놈들과 한번 싸워보고 싶네."

심정이 말했다.

"그러면 어쩔 수 없지…. 나는 동쪽으로 가서 일본군과 전쟁하고 오겠네."

경사가 말했다.

"꼭 이기고 오게."

그렇게 경사와 심정은 술 한 잔씩을 하고 군대를 이끌고 출전했다.

심정은 30만 명의 군대를 이끌고 일본군과 전쟁을 수행하러 갔다.

심정은 진용을 갖추고 일본군을 맞이한다.

아지는 일본군의 선봉에 섰다.

아지는 백마를 탔다. 약관이 갓 넘은 나이였다.

아지는 일본에서 가장 뛰어난 무사였다. 또한 병법에도 능해 총사령관직에 올라간 것이다.

심정은 대군을 뱀처럼 늘여 놓았다.

아지는 백마를 타고 갑옷을 두르고 두려움 없이 돌격했다.

한 자루의 창이 들려 있었다.

심정은 병사들을 보내 아지를 잡게 했다.

한 보병중대가 아지를 맞이했다.

아지는 백마를 타고 창을 휘둘렀다.

마치 아름다운 춤 같았다.

아지는 빠르고 강하여 한 보병 중대는 섬멸했다.

아지가 백마를 타고 가는 곳마다 북방군의 시체가 쌓였다.

북방군 중 누구도 아지를 따라잡을 수가 없었다.

아지가 백마를 타고 지나는 곳마다 피가 강이 되어 흘렀다.

북방군이 와해되기 시작했다.

심정은 전세를 보고 불리하다고 판단하여 군세를 뒤로 돌렸다.

일본군의 대승이었다.

북방군은 아지를 '피의 강'이라고 부르며 감히 대적하지 못했다.

아지가 지나간 길에 피가 강이 되어 흘렀기 때문이다.

심정은 전세가 불리해지자, 성문을 굳게 닫아걸고 싸우지 않았다.

아지는 성문을 백마로 돌며 매일 싸움을 걸었다.

아지가 소리쳤다.

"동방제국에 내 창을 받아낼 사람이 없느냐?"

북방군은 침통해졌다.

북방군의 사기는 땅에 떨어졌다.

심정은 사려깊은 남자였다. 아지의 무용을 보고 싸우지 않고 굳게 지키기만 했다.

한편 변녑은 동굴에서 기도드리고 있었다.

'신이시여, 이 몸은 몸이 병신이 되고, 홀로 떠돌아다닙니다.

어딜 가야 신을 만날 수 있으며, 어떻게 해야 신을 위한 길입니까?

한평생을 신을 위해 살려고 하나 그 방법을 모르오니,

저에게 신을 위한 길을 가르쳐 주소서.'

그러나 바람만 싸늘할 뿐, 아무도 대답하지 않았다.

변념은 크게 낙심했다.

변념이 보니 서양군들이 불을 피워 놓고 기도드리고 있는 것이 보였다.

변념은 그들의 예배를 관찰했다.

서양군들은 경건하게 불을 피워 놓고 기도를 올리고 있었다.

변념은 박도를 찬 채 중의 차림으로 서양 군영에 내려가 보았다.

변념은 몰래 숨어서 그들의 기도를 들었다.

"자비로우신 불꽃의 주님이시여. 영원한 불로 타오르소서. 곧 우리는 전쟁이 있는데 우리의 목숨을 지켜주소서. 자비로우신 주님이시여."

변념이 몰래 그들을 지켜보고 있는데,

한 노인이 말을 걸었다.

"자네, 예배에 관심이 있는가?"

변념이 깜짝 놀라 보니, 사제복을 입은 한 노인이 인자하게 보고 있었다.

변녑이 말했다.

"그렇습니다. 댁은 누구신지요?"

그러자 그 노인이 말했다.

"나는, 그릭시아의 대사제 아스터라고 하네."

변녑이 무릎을 꿇고 말했다.

"대사제, 신에 대한 가르침을 주십시오. 부탁합니다. 어떻게 그분을 만날 수 있습니까?"

그 노인이 말했다.

"신은 눈에 보이지 않으나, 어디에나 계신다네. 그것을 무소부재 (OMnipresent)라고 하지. 자네가 신을 직접 만날 수 없으나 언제나 기도드릴 수 있다네. 그분은 전지하심으로 말미암아 자네의 기도를 듣고 계시네. 그러나 그분의 생각을 그분의 행동을 우리는 알 수가 없지."

변녑은 고개를 땅에 박고 말했다.

"감사합니다."

그 노인이 말했다.

"자네의 팔은 왜 없는가?"

변녑이 말했다.

"변고를 당해 없어졌습니다."

그 노인이 안쓰럽게 보았다.

"그럼 잘 가게나."

변녕은 가벼운 마음으로 다시 산에 올라왔다.

그리고 기도를 드렸다.

"신이시여, 저는 당신의 그림자도 볼 수 없는 낮은 곳에 있나이다. 그러나 당신께 부탁할 것 많지 않고, 기도할 것 많지 않나이다. 저의 한 평생을 어떻게 신에게 드릴 수 있겠습니까?

신이시여, 내세에서의 삶이 남아있지만, 현세에서의 삶 또한 길고 중하기에 저는 어디로 갈지 모르겠나이다.

신이시여, 부디, 부디 저를 인도해 주소서. 당신의 섭리로, 위대한 섭리로, 저 변녕에게 길을 인도해 주소서. 부디 제가 가야 할 바를 알려 주소서."

변녕은 명상과 사색을 계속했다.

변녕은 칼을 찬 채로 동쪽으로 향한다.

한편 동방성에서 일본군과 대치한 심정은 굳게 지키기만 했다.

아지는 전 일본군을 몰아 성을 함락시키려 했다.

개미 떼 같은 일본군이 동방성으로 올라왔다.

북방군과 일본군은 서로 죽고 죽이는 혈전을 벌였다.

시체가 무수히 쌓여만 갔다.

심정은 커다란 활을 들고 닥치는 대로 일본군을 쏘았다.

일본군은 북방군이 동방성을 결사로 사수하자 어쩌지 못했다.

그렇게 그날의 전투는 막을 내렸다.

아직 역시도 단단한 동방성을 쉽게 함락시킬 수는 없었다.

모사 가곽은 세작들에게 동방성에서 북방군와 일본군이 결전을 벌이는 소식을 전해 들었다.

그리고 경사가 대군을 이끌고 서양군을 맞으러 간 것을 들었다.

가곽은 영조에게 말했다.

"지금이 곧 천시입니다. 경사와 심정이 성도를 빠져나갔습니다. 제후께서는 대군을 이끌고 성도를 점령하실 때입니다."

영조는 옳게 여기고 대군을 휘몰아 성도로 향한다.

정부의 운명은 풍전등화였다.

경사와 심정이 일본군과 서양군을 맞으러 간 데다가 제후들이 모여서 성도로 향하고 있는 것이다.

정부는 돈부를 대장으로 삼아 어림군을 이끌고, 성도 앞 벌판에서 제후군을 맞이한다.

영조와 환, 고운은 대군을 이끌고 정부와 맞이했다.

환이 말을 타고 나가 말했다.

"단 황제께서 계신데 역적 정부는 참람한 뜻을 품고 황제를 감금하고 모반을 일으켰다.

그 죄는 하늘에 닿았다.

이에 우리 제후들은 의군을 일으켜 황제를 구하고, 역적을 토벌하려 한다.

역적군들은 항복하면 목숨은 살려주겠다.

그러나 저항하면 의로운 칼날 앞에 모두 죽을 것이다.

역적 정부는 스스로 오라를 받으라."

정부는 환을 보고 대로하여 돈부를 시켜서 환의 목을 가져오라

했다.

정부는 나이는 많았지만 북방장군이었고 뛰어난 무예를 가지고

있었다.

돈부가 철퇴를 들고 달려들자

환 뒤에 말을 타고 있던 익비도 칼을 뽑아서 돈부에게 달려 나갔

다.

익비는 혼신의 힘을 다해 돈부와 겨뤘다.

비대한 돈부는 힘이 강했고 민첩했다.

그는 철퇴를 써서 익비를 죽이려 했다.

양측은 수십 합을 주고받았다.

군사들은 빙 둘러서 양측의 접전을 구경했다.

익비는 검을 들어 치고 베니 돈부와 호각을 이뤘다.

익비는 정신없이 싸우다가 전에 했던 기도가 떠올랐다.

돈부는 수많은 여자를 간음한 색마였다.

익비는 기도했다.

'하늘이시여, 저의 검에 의를 내려주사 이 역적을 벨 수 있게 해주

소서.'

익비는 순간적으로 엄청난 힘이 자신에게 들어온 것을 알았다.

익비는 그 힘을 이용하여 일 검을 돈부에게 뻗었다.

검은 빛살처럼 날아가며 돈부의 머리와 철퇴를 베어버렸다.

피가 솟구치고 음란한 돈부는 죽어버렸다.

병사들은 엄청난 함성을 질렀다.

영조는 그때를 타서 홍조, 하연, 하모를 이끌고 북방군을 공격하게 했다.

순식간에 많은 사상자가 발생하고 양측은 격돌했다.

고운은 혈룡도를 들어 보이는 대로 베었다.

경천동지의 대격전이었다.

정부는 돈부가 죽은 것을 보고 직접 쌍검을 들고 익비를 죽이려 했다.

익비는 돈부를 죽이고 거친 숨을 내쉬고 있던 찰나, 정부가 말을 타고 빠르게 자신에게 달려오는 것을 발견했다.

익비는 곧바로 지체하지 않고 정부와 격돌했다.

익비는 정부와 격돌하며 기도했다.

"하늘이시여, 부디 일전에 드린 기도를 기억하소서.

저의 검에 의를 내려 달란 기도를!!!

하늘이시여, 황제를 참칭하고 하늘을 두려워하지 않고 악행한 정부가 내 눈앞에 있나이다!!"

익비는 혼신의 힘을 다하여 일태도를 휘둘렀다.

익비의 검은 말을 타고 달려오던 정부의 머리를 베었다.

역적 정부는 악행을 일삼다가 익비의 검에 죽은 것이었다.

간교한 꾀로 황제를 감금하고, 악행을 일삼고 황제가 되었던 정부, 그의 죽음은 그토록 허망했다.

죽은 정부의 혼령이 눈을 들어 보니 여러 검은 영혼들이 보였다.

정부가 소리쳤다.

"이놈들!! 누구 안전이라고!!"

그 검은 영혼들은 정부에게 달려들었다. 비명이 들렸다.

정부의 혼령은 그 검은 영혼들과 함께 사라졌다.

정부가 죽자 북방군은 곧 와해되기 시작했다.

그렇게 전쟁은 끝나가고 있었다.

한편 그 시각 몸이 외팔이가 된 변념은 한 서양 종교의 예배당에 들어갔다.

그곳에는 목사가 설교를 하고 있었다.

"여러분, 하나님을 믿으면 복이 많이 오고 여러분이 잘될 것입니다."

변념이 승복을 입고 들어가자 다들 눈이 휘둥그레졌다.

목사가 말했다.

"아니 스님, 여기 오시면 어떡합니까? 여기는 성당입니다."

변념이 말했다.

"왜 중은 성당에 오면 안 되는 것이오?"

그러자 나머지 사람들이 욕을 했다.

"저 놈은 뻔뻔하네. 어떻게 불교 옷을 입고 성당에 오는 거지?"

"당장 나가라, 이놈아."

변념은 소리쳤다.

"하느님이 각 종교를 내시고, 이렇게 서로 박해하라고 하셨소?"

그러자 사람들은 욕을 했다.

변념은 분기를 못 참고 박도를 뽑았다.

변념이 닥치는 대로 죽이니 사람들이 놀라 달아났다.

변념은 거구를 날려 달아나려던 목사를 잡았다.

변념은 말했다.

"네놈의 도를 말해보아라."

그러자 목사가 말했다.

"믿으면 됩니다. 하나님과 어린 양을 믿으면 됩니다."

변념은 칼을 휘둘렀다. 목사는 시뻘건 피와 함께 사라졌다.

변념은 십자가상 앞에서 예수의 목을 베어버렸다.

변념은 말했다.

"예수라… 믿기만 하면 다 된다니, 미친 새끼로구먼. 민중을 속이는 사기꾼이로다."

변념은 무릎을 꿇고 기도했다.

"신이시여, 제가 저번에 말했듯이 세속은 쓰레기들뿐이외다. 나는 세상의 청소부외다."

변녕은 휘적거리며 피가 흥건한 성당을 나갔다.

당시는 치안이 어지러워 변녕이 살인을 해도 누구 하나 잡으러 오지 않았다.

변녕은 승복을 입고 주점에 들어가서 술을 마셨다.

변녕은 취기가 돌아 흐느적거리며 걸어갔다.

변녕은 길에 가며 말했다.

'신이시여, 여기의 종교에 어떤 의미도 발견할 수 없나이다. 매일 예배를 드리고 불공을 드리고, 형식적인 기도를 하고,

신이시여, 여기의 종교에서 어떤 흥미도 없나이다.

나는 어디로 간단 말입니까?

신이시여, 종교란 것이 이토록 재미없는 것이옵니까?

금욕하고 단식하며, 일하며 복을 비는 것이 우리가 하는 일의 전부이옵니까?

이 변녕에게 말해주소서.'

그때 마치 환영처럼 아스터가 나타나 말했다.

"변녕 자네 스스로의 길을 걷게. 스스로 깨닫는 것이 가치 있으리…"

변녕은 정신이 산만하여 그 소리를 듣지 못했다.

변녕은 술에 취해 산에 올라가서 잠이 들었다.

그때 변녕은 무언가 이상한 소리를 들었다.

낮에 자신이 죽인 성당에서 사람들을 모아 변녕을 잡으러 온 것

이었다.

그들은 변념이 자는 곳에 기름을 놓고 불을 붙였다.

변념은 박도를 꺼내어 대로해서 달려들었다.

변념의 거구가 하늘로 올라 땅에 떨어지니 성당 사람들의 불구덩이를 피해버렸다.

사람들은 변념을 보자 달아났다.

변념은 극히 진노해서 쫓아가서 닥치는 대로 베어버렸다.

변념은 말했다.

'신을 믿는다는 놈들이 쥐새끼같이 나를 잡으러 왔구나. 참으로 쥐새끼로다.'

변념은 피를 자신의 얼굴에 발랐다. 미친 사람 같았다.

변념이 말했다.

"신이시여, 교주 놈이 죽고 이 피로 죄를 사한다니 이런 미친놈들이 어딨습니까? 이 쥐새끼들은 도대체 뭔 죄를 지었길래? 이런 종교를 믿고 있는 것입니까?

참으로 벌레 같은 놈들이올시다."

변념은 신나게 웃었다.

변념은 세상에 떠돌아다니며 신에 대해 해박한 인간들을 찾아다녔다. 그리고 도에 어긋나면 목을 베어버렸고 진실된 신앙인은 살려주었다.

무수히 많은 사람들이 변념의 손에 죽었다.

어느 날 변념은 한 인도 여자가 신을 만났다는 소식을 듣고 성도의 남부에 찾아갔다.

인도 여자는 포교를 하고 있었다.

그녀의 이름은 아르자니였다.

변념이 승복을 입고 나타나자, 그 아르자니는 반갑게 맞이했다.

변념은 이 여자가 착한 사람이라는 것을 알았다.

변념이 말했다.

"당신의 이야기가 듣고 싶소."

아르자니는 말했다.

"저는 큰 질병에 걸렸었어요. 그리고 매일 기도했지만 병이 나을 수는 없었지요. 그러다가 죽음 상태에서 몸에서 빠져나갔어요.

그때 하느님을 만났어요. 하느님은 저를 조건 없이 사랑해 주셨고 저의 질병을 치유해 주셨어요.

그게 제가 겪은 일이에요. 저는 몸 안에 다시 들어올 수 있었답니다."

변념은 말했다.

"당신의 말이 진실이 아니면 당신의 목은 잘릴 것이오."

그러자 아르자니는 말했다.

"제 목을 걸고 증언합니다. 진실이에요."

변념이 말했다.

"그럼 우리는 어떻게 살아야 하오? 신께서는 당신에게 뭐라고 하셨소?"

아르자니는 말했다.

"바로 우리 자신을 사랑해야 해요."

변념은 기가 차서 말했다.

"그렇게 단순한 게 신의 말씀이오?"

아르자니가 놀라 말했다.

"아니… 신을 만난 저의 생각입니다."

변념이 말했다.

"죽은 다음에는 어떻게 되오?"

아르자니가 말했다.

"우리는 모두 한곳에서 왔고, 한곳으로 돌아갑니다. 누구든 막론할 것 없이요."

변념은 칼을 들어 아르자니의 목을 치려 했다. 그러나 그녀의 순수한 눈망울을 보니 차마 죽일 수 없었다.

변념은 아무 말 없이 아르자니를 떠났다.

변념은 속으로 생각했다.

'신께서 모든 피조물을 사랑하시고, 유사 이래로 지구에 있던 연놈들이 모두 죽어서 한곳에 간다니 참으로 궤변이로다.'

변념은 휘적거리며 걸어갔다. 그의 잘린 팔의 소매가 바람에 불어 휘날렸다.

변념은 어느 동굴 속에서 기도를 계속했다.

'하느님, 여기의 사람들에게서 진리를 보지 못하였나이다. 도대체 당신은 누구고, 저를 왜 만드셨고, 왜 저는 지구에 있는 것이옵니까? 당신의 뜻이옵니까? 저는 이해할 수 없습니다.

매일 아침 점심 저녁을 먹고 하루하루 살아가는 게 제가 할 일이옵니까? 신에게 뜻을 두었는데 저는 어찌할 바를 모릅니다.

아스터 사제가 그러더군요. 당신께서는 전지하시니, 제 기도를 듣고 있다고.

저는 기적을 바라지는 않습니다.

신에게 전부를 건 저는 어떤 삶을 살아야 하옵니까?

신이여, 제 기도를 받아주소서.'

변념은 대머리를 땅에 대어 절을 했다.

그리고 흐느껴 울었다.

어머니 항신이 생각났기 때문이다.

"얘야, 하늘을 공경해라. 얘야, 하늘을 공경해라."

항신의 목소리가 변념을 스치고 있었다.

변념은 다음 날 아르자니를 다시 찾아갔다.

아르자니는 같은 장소에서 설교를 하고 있었다.

아르자니는 반갑게 맞이했다.

변념이 아르자니에게 말했다.

"당신이 만난 하느님은 어떤 분이었소?"

아르자니가 말했다.

"그분께서는 사랑이셨어요. 저는 황홀경을 경험했지요. 근원은 사랑입니다. 우리도 사랑이고요."

변념은 그녀의 대답이 마음에 들지 않았다.

물론 변념 내부에도 사랑이 없지 않았다. 변념은 어머니 항신을 사랑했던 것이다. 그러나 전부가 사랑이라니 변념에게는 납득되지 않은 대답이었다.

변념이 물었다.

"그러면, 당신이 보는 우리 지구 세상의 전부가 사랑이란 말이오?"

그러자 아르자니는 그렇다고 대답했다.

변념은 그녀의 궤변에 화가 났다.

변념은 박도로 목을 베려다 꾹 참고 떠났다.

변념은 다시는 아르자니를 찾지 않았다.

변념은 동굴에서 신에게 기도했다.

'하늘이시여, 어찌 지구 전체가 사랑이옵니까? 당신께서 분명 지구를 알고 계시지 않나이까? 어찌 당신을 만났다던 선지자는 저런 소리를 하고 있는 것이옵니까?

하늘이여, 분명 세상은 우주는 더 넓소이다. 당신께서 정말 사랑 일원체이시고, 당신의 피조물인 우리는 모두 사랑이옵니까?

하늘이여, 지금 벌어지고 있는 전쟁을 보십시오!!

저게 당신이 말한 사랑입니까?'

변념은 극히 분노해서 칼을 닥치는 대로 휘둘렀다.

변념은 사람들의 무지에 분노가 인 것이었다.

변념은 40대 초반이었다. 아직 그가 죽기까지 꽤 많은 시간이 남아 있었다.

변념은 과거를 돌이켜보다가 기도했다.

"하느님, 제가 살아있는 동안 당신께 기도를 드리겠습니다. 저는 의무로 기도하지 않습니다. 제가 느끼는 것 제가 생각하는 것을 최대한 솔직하게 표현하겠습니다.

하느님, 죽은 뒤에 저는 어디로 간단 말입니까? 어찌 되었든 저에게 죽음이라는 완전한 분기점이 있사오니, 그날까지 기도드리겠소."

하늘은 눈이 없으나 보고 있네.

귀가 없으나 듣고 있도다.

낮은 곳과 높은 곳을 나누시고,

어둠의 땅과 빛의 땅을 나누시니 심히 정의옵니다.

 - 李雄

한편 제후군은 북방군에 완승을 거두었다. 황제를 자칭했던 정부는 익비의 의검에 맞아 목이 잘렸다.

제후군은 위풍당당하게 성도로 진격했다.

영조, 고운, 환은 황제를 찾았다.

황제 단은 비운궁에 앉아 있었다.

세 명의 제후들은 황제를 알현했다.

단이 단정히 말했다.

"그대들은 누구요?"

영조가 말했다.

"저희는 서주, 사천, 고구려의 제후들입니다. 황제께서 감금된 사실을 듣고 저희가 구하러 왔나이다."

단이 말했다.

"감사한 일이오."

단은 피골이 상접해 있었다. 10대의 어린 나이인 데다가 오랜 감금 생활로 정말로 정신마저 피폐해져 있었다.

단은 간신히 거동을 들어 비운궁을 나왔다.

단이 비운궁을 나오자, 시원한 바람이 단을 맞이했다.

단은 대성통곡했다.

"제위에 올라, 간악한 장군의 흉계로 많은 시간을 감금되어 있었구나.

존귀한 몸 온데간데없고,

슬프고 괴로운 정신만이 가득하구나.

백성을 사랑하고 나라를 다스리려 하였건만,

하늘은 어찌 나를 버리셨는가….."

단은 계속해서 대성통곡했다.

환이 다가가 말했다.

"황제여, 저 역시도 많은 변고가 있었나이다. 하늘께서 황제를 버리셨다면 저희가 오지도 않았을 겁니다.

일어나서 힘을 내시고 다시 시작하시지요."

단이 얼굴을 들고 물었다.

"그대는 누구시오?"

환이 말했다.

"저는 서주 땅의 제후 환이라고 하옵니다."

단이 말했다.

"서주 땅의 제후가 바뀌었소?"

환이 말했다.

"변란이 일어나 소생이 잠시 대리하고 있습니다."

단은 환을 좋게 보았다.

단이 다시 황제에 오르니 그제서야 천하는 안정되는 듯했다. 하지만 그동안 무너진 기강은 세울 수 없었고 동쪽에는 일본군이 서쪽에서는 그릭시아의 군대가 주둔하고 있었다.

나라의 운명은 풍전등화였고 사람들은 희망을 잃어만 갔다.

단은 조서를 내려서 다시 황제가 되었음을 알렸다.

사람들은 통곡했다.

어린 황제를 보필하지 못하고 나라가 망해버린 것이다.

정부의 간사한 꾀에 모두들 황제를 모욕하고 욕했던 것이다.

단은 제후들을 불러 물었다.

"지금 상황이 어떻소?"

영조 옆의 가곽이 대답했다.

"지금 북방군의 경사가 그릭시아의 군대와 전쟁을 하러 서방성으로 떠났습니다."

"북방군의 심정 장군이, 일본군과 동방성에서 전쟁을 하고 있습니다."

단이 말했다.

"경사 장군과 심정 장군께 어명을 내려, 과거의 죄를 묻지 아니할 것이니 이민족의 침입을 잘 막으라고 당부드리시오."

환은 조서를 써서 옥새를 찍고 경사와 심정에게 보내게 했다.

그렇게 천하는 다시 단에게 돌아왔다.

하지만 단은 예전 같지 않다는 것을 알고 있었다.

나라는 풍전등화에 놓여 있었던 것이다.

단이 나와 말했다.

"어려운 나라를 살리는 데에 어떤 계책이 있겠소?"

환이 말했다.

"백성들의 마음을 어루만져 주어야 합니다. 세금을 적게 내게 하시고, 다시 관가에 형법의 기강을 잡게 하십시오.

범죄를 저지르는 자들은 엄단하시고 사람들이 생업에 전념하게 하십시오. 그러면 점차 안정될 것이옵니다."

단은 그대로 따랐다.

단은 환 옆의 익비를 보았다.

단이 말했다.

"그대에 대해 환에게 들었소. 그대는 의기를 못 참아 관병 둘을 사살했다고 알고 있소. 본 황제의 말이 맞소이까?"

익비가 엎드려 말했다.

"제가 죄를 지었나이다."

단이 말했다.

"그러나, 그대는 충심으로 황제를 위하여 역적을 베었으니 그 공이 무척 크오. 본 단 황제는 그대의 죄를 사하겠소."

단이 말했다.

"옥새를 가져오라."

옆의 신하들이 공손히 옥새를 가져왔다.

단은 말했다.

"황제의 명령이다. 익비가 지은 죄를 황제 단의 이름으로 사한다."

황제는 옥새를 찍었다.

단은 말했다.

"익비 장군께서는 저의 호위를 맡아주시오."

익비가 말했다.

"황제의 은혜에 감사드립니다. 다시는 간악한 인간들이 황제의 털끝 하나 못 건드리게 하겠습니다."

그렇게 익비는 황제의 호위대장군이 되었다.

익비는 속으로 하느님께 기도했다.

'하느님 감사합니다!!! 제 검에 의를 내려주셔서 역적 돈부와 정부를 벨 수 있었고, 단 황제도 저를 좋게 보아 호위대장군에 올랐나이다. 앞으로도 검술을 수련하여 어떤 적이 와도 이길 수 있는 기량과 역량을 개발하고 싶나이다.

하느님, 감사합니다. 제 검이 의로운 검이 되게 하소서. 정의를 따르는 검이 되게 하소서.

영원하신 하느님께 기도와 감사를 올리오니 부디 받아주소서.'

익비의 두 눈에 눈물이 고였다.

돌이켜보면, 관병 둘을 의기로 베어 죄인이 되어 쫓기던 익비에게 일어난 경사였다.

단이 말했다.

"지금 북방군의 심정 경사 장군이 서양과 일본의 대군을 막고 있으나, 심히 우환이 크오.

조정에서 누가 나가서 그들을 돕는 것이 좋겠소."

그러나 고구려의 고운이 말했다.

"저희 나라는 늘 일본과 대립하고 있었습니다. 저희 군대가 동방성에 나아가 일본군을 섬멸하고 저는 고국으로 돌아가려 합니다. 부디 윤허해 주시옵소서."

단은 기뻐했다.

"먼 이방국에서 본 황제를 구하러 와주시다니, 고구려와 우리 동방제국은 혈맹의 관계요. 가시는 길에 보물을 가지고 고구려 왕 주몽에게 전해주시오. 감사했다고.

또한 수고스럽지만 동방성에 가서서 일본군들을 베어주시고 마무리를 지어 주시오."

고운은 읍을 하고 떠났다.

단은 이어 말했다.

"서방 전선에는 누가 갈 것이오?"

그러자 영조가 말했다.

"제가 저희 휘하의 용와 범 같은 장군들과 함께 가겠나이다. 부디 저를 보내주십시오."

단은 그 자리에서 영조에게 서방장군의 지위를 주었다.

그리고 말했다.

"영조 제후께서는 서방을 평정하시고, 서방장군으로 계셔 주시오. 용맹한 무장들과 함께 그릭시아를 쫓아내고 동방제국의 서쪽을 지켜 주시오."

영조는 절을 하고 물러났다.

단은 환을 아꼈다.

"서주제후께서는 지난 육조대신을 이어서 나라의 정사를 처리해 주시오. 공평무사하게 국가에서 올라오는 상소를 처리하여 주시고,

국가를 바르게 정의롭게 만들어 주시오."

환이 말했다.

"황제의 명을 받들겠습니다."

과거에 떨어진 선비가 재상이 되는 순간이었다. 환은 무척이나 감격했다.

그렇게 제후들의 일은 정해졌다.

영조는 대군을 휘몰아 서방성으로 향했고 고운은 동방성으로 향했다.

환은 나라의 대소사를 처리하는 재상이 되었다.

환은 공평무사하게 나라를 다스리니 다시 동방제국은 점차 안정되어 갔다.

한편 서쪽에서 그릭시아의 대군과 경사의 북방군이 결전을 벌이고 있었다.

경사는 세작들을 통해 정부가 죽고 단이 다시 황제에 올랐다는 것을 알았다.

경사는 반란에 가담했던 터라 찝찝했다.

그러나 조정에서 전갈이 왔다.

한 사신이 경사에게 말했다.

"어진 황제께서는 역적을 제거하시어, 그에 가담한 인물들에게는 더 이상 죄를 묻지 않기로 했소이다.

경사 장군께서는 나라를 위해서 이제 그릭시아 군대를 격파해 주시기를 부탁한다고 황제께서 말씀하셨습니다."

경사는 무척 감격했다.

경사가 말했다.

"어진 황제께 죄송하다고 전해주오. 이 몸이 살아 돌아갈 수 있을지 모르겠으나, 그릭시아 군대와 격전을 벌여 보겠다고 전해주오."

경사는 갑옷을 갖춰 입고, 그릭시아의 대군은 맞이하러 간다.

한편 동방제국의 서쪽을 점령하고 있는 아레스도 동방제국의 대군이 밀려온다는 소식을 들었다.

아레스는 전군을 소집하여 경사와 맞대결을 벌이러 떠난다.

아레스는 코끼리 부대를 배치했다. 300마리의 코끼리들이 돌격하여 적군의 진영을 흐트러트릴 것이었다.

그리고 중장보병이 따라붙으며 적군을 섬멸하는 계략이었다.

경사는 북방군 기마대를 일렬로 펴놓고 돌격하는 전법을 썼다.

온몸에 갑옷을 두른 북방군 기마대가 일렬로 나열했다.

경사는 소리쳤다.

"그릭시아 놈들이 한 명이 오면 한 명이 죽게 하고, 백 명이 오면 백 명이 죽게 한다. 우리가 죽음을 각오하고 싸우면, 우리는 무적이다. 우리의 힘을 보여주자!!"

북방군 기마대는 모두 함성을 질렀다.

곧이어 양군이 만났다.

경사는 커다란 칼을 하나 뽑은 채로, 가장 먼저 돌격했다.

아레스의 코끼리 부대가 돌격했다.

양군의 힘이 부딪힌 것이다.

경사는 신기와 같이 말을 타고 전장을 돌며 코끼리 부대와 싸운다.

경사가 탄 명마는 코끼리보다 빨랐다.

코끼리 부대에서는 화살을 경사에게 쏘아댔다.

경사는 귀신처럼 말을 타고 전장을 누볐다.

경사가 단검을 들어 힘차게 던지자 코끼리 부대의 그릭시아 군인 한 명이 떨어졌다.

경사는 계속 단검을 들어 코끼리 부대에 던졌다.

뛰어난 무용은 백발백중이었다.

경사가 단검을 던질 때마다 한 명씩 코끼리에서 떨어졌다.

코끼리에는 총 4명이 타고 있었다.

주인을 잃은 코끼리는 얌전히 가만히 앉아있었다.

북방군 병사들이 와서 코끼리를 생포했다.

경사와 북방군 기마대는 코끼리 부대와 치열한 격전을 벌였다.

북방군의 기마대도 많이 사상자가 발생했다.

하지만 경사는 뛰어난 무용을 펼쳐서 코끼리 부대를 계속 쓰러트린다.

아레스는 높은 망루에서 전쟁을 지켜보고 있었다.

옆의 스피오가 말했다.

"북방군 대장의 무공이 너무 뛰어납니다. 코끼리 부대가 전멸하겠습니다."

아레스가 말했다.

"아르골레스를 불러라."

아르골레스는 곧 망루 위에 올라왔다.

아레스가 말했다.

"자네가 가서, 저 북방군 대장의 목을 가져오라."

아르골레스는 그릭시아의 가장 뛰어난 무장이었다.

그는 전에 변념조차 죽일 수 있을 정도의 뛰어난 무장이었다.

아르골레스는 갑옷을 입고 말에 올랐다. 그리고 엄청난 속도로 경사를 향해 돌진했다.

적진에서 한 명이 뛰어나오는 것을 경사는 확인했다.

엄청난 힘이 느껴졌다.

경사는 코끼리 부대와 싸우다 말고 자신을 향해 똑바로 향하는 아르골레스와 격돌했다.

경사는 귀신처럼 몸을 움직여 아르골레스를 베려 했다.

하지만 아르골레스는 하늘이 내린 무인이었다.

엄청난 힘으로 경사를 압박하니 양측은 치열하게 치고받았다.

아레스가 손짓했다.

중장보병이 앞으로 전진하기 시작했다.

긴 창을 든 중장보병들은 마치 성벽처럼 경사의 군대에 좁혀왔다.

경사는 아르골레스와 혈전을 벌여서 군대를 제대로 지휘할 수 없었다.

북방군 기마대는 중장보병들에게 포위당했다.

중장보병들이 긴 창을 찌르니 북방군 기마병들은 속속 쓰러졌다.

패배의 신이 다가오고 있었다.

경사는 엄청난 힘과 무공으로 아르골레스와 계속 상대하고 있었다.

하지만 북방군도 서방장군 변념의 군대처럼 허물어지기 시작했다.

아르골레스는 강검으로 경사를 계속 노렸다.

경사는 더 이상 버티지 못하고 말머리를 뒤로 돌렸다.

아르골레스가 경사를 추격했다.

아레스는 전장에 기마병 2만을 추가 투입했다.

진영이 열리며 그릭시아의 기마병 군단이 쏟아져 나왔다.

중장보병에 포위당해 죽어가는 북방군 기병대와 보병들은 그릭시아의 기마병에 또 한 번 짓밟혔다.

북방군의 대패였다.

살아남은 이들은 각기 뿔뿔이 도망쳤으며, 군대는 와해되었다.

경사는 정신없이 말을 타고 홀로 달아났다.

아르골레스는 경사를 추격했다.

둘은 깊은 험지까지 들어갔다.

경사는 주변에 아무도 없는 곳까지 오자 말을 멈추었다.

말은 숨이 차서 더 이상 달릴 수도 없었다.

아르골레스도 말을 멈추었다.

경사가 말했다.

"네 이름은 뭐냐?"

아르골레스도 지지 않고 말했다.

"나는 그릭시아의 아르골레스다. 그릭시아의 제일가는 용장이다."

경사는 검을 뽑아 겨눴다.

경사가 말했다.

"나는 북방군 소속 장군 경사다. 여기서 한 명이 죽을 때까지 겨뤄보자."

아르골레스도 말에서 내려 검을 뽑았다.

경사와 아르골레스는 전보다 더 치열하게 접전하기 시작했다.

수백수천 합의 공수가 오갔다.

양쪽은 다 서로의 칼에 맞았지만 신형을 비틀어 급소를 피해냈다.

경천동지의 대결이었다.

아무도 보지 않는 곳에서 양쪽은 치열한 접전을 벌이고 있는 것이었다.

경사는 칼을 쓰다가 틈이 나자 순식간에 단검을 뽑아서 아르골레스에게 던졌다.

엄청난 속도로 아르골레스에게 단검이 날아들었다.

아르골레스는 몸을 뒤로 젖혔으나 단검은 아르골레스의 투구를 치고 엄청난 힘에 투구를 묶고 있던 끈마저 끊어졌다.

아르골레스가 혼미한 찰나 경사를 찾았으나 경사는 앞에 없었다.

귀신처럼 빠르게 아르골레스의 뒤로 돌아간 것이다.

경사는 아르골레스의 목을 쳤다.

하지만 경사가 친 것은 아르골레스의 환영이었다.

아르골레스는 번개처럼 경사의 뒤를 돌아 경사를 철검으로 쳤다.

그 검에 경사의 검이 날아갔다.

하지만 경사는 겁먹지 않고 수도(手刀)에 기를 넣었다.

경사가 수도에 기를 넣자 경사의 손은 검같이 변했다.

아르골레스는 철검으로 경사를 압박했다.

하지만 경사는 신형을 위로 날렸다.

아르골레스가 경사를 찾았으나 보이지 않았다.

경사는 신형을 위로 날렸다가 다시 떨어져서 아르골레스의 뒤에 나타났다.

그리고 수도로 아르골레스의 목 부분을 쳤다.

용장 아르골레스는 천천히 쓰러졌다.

경사는 말을 타고 진영으로 되돌아가려 했다.

하지만 북방군은 와해되어 버렸던 것이다.

그런 경사 앞에 한 노인이 나타났다.

그릭시아의 대사제 아스터였다.

경사가 인사했다.

"노인장은 누구시오?"

아스터가 말했다.

"나는 그릭시아의 대사제 아스터라고 하네."

경사가 말했다.

"적군의 대사제시군요."

아스터가 말했다.

"이 노인을 베려면 베게나."

경사는 칼을 들어 베려 했으나, 자비로운 노인을 차마 벨 수가 없었다.

그 사이

자비로운 아스터는 아르골레스를 위해 기도했다.

"위대한 창조주시여, 비운의 용사는 끝까지 적과 싸우다가 목숨을 잃었습니다. 부디 좋은 곳으로 인도해 주소서.

또한 그의 아픈 마음을 어루만져 주시고, 죽음은 끝이 아니라 시작이오니,

그의 새 시작을 축복해 주시옵소서."

아스터는 기도를 마치고 경사를 보았다.

경사가 말했다.

"대사제 갈 곳으로 가시오."

경사는 흑총마를 몰고 어디론가 향했다.

아스터는 그의 뒷모습을 조용히 바라보았다.

아스터는 다시 그릭시아의 군대로 돌아갔다.

그렇게 아스터는 불의 성전 앞까지 도착했다.

불꽃이 타오르고 있었다.

아스터는 기도했다.

"신이시여, 아레스 황제의 이야기를 들으셨을 것입니다.

당신께서는 정말로 평화만을 원하시나이까?

우리는 흔히 그렇게 생각합니다. 그렇지만 아레스 황제의 말처럼 유사 이래로

전쟁이 있었나이다. 꼭 평화만이 신의 뜻이라고 할 수 없나이다.

본 대사제는 한 명의 신학자이기도 합니다.

당신의 진의를 당신의 마음을 제게 알려주소서.

신이여, 우리 군대가 승리했습니다. 신께 일단 감사 예배를 드리나이다."

아스터는 경건히 고개를 숙였다.

불꽃이 타올라 아스터의 얼굴을 비추었다.

한편 영조는 대군을 이끌고 서방성으로 향하다가 경사의 대군이 패한 것을 알았다.

가곽이 말했다.

"그릭시아의 군대는 너무 강합니다. 변념도 경사도 패했습니다."

영조가 말했다.

"어떤 계책이라도 있소?"

가곽이 말했다.

"일단 적의 군세가 강하면 수비로 전환해야 합니다. 우리 군은 요지에 진을 치고 그들이 오는 것을 차단하는 것이 맞습니다."

영조는 그대로 따랐다.

영조는 신단산에 진을 쳤다.

한편 아지의 일본군은 심정을 계속 압박하고 있었다.

사려 깊은 심정은 북방군으로 간신히 성을 수비해 내고 있는 정도였다.

매일 공성전이 계속되고 성은 함락당할 듯 함락 안 당할 듯하며 많은 사상자가 발생했다.

그때 고운의 고구려군이 심정에게 찾아왔다.

심정은 성 뒤쪽을 열어 고운의 고구려군을 맞이한다.

고운은 심정을 만났다.

고운이 말했다.

"단 황제께서 전날의 잘못을 용서하신다고 하셨소. 그리고 저를 보내어 일본군을 격파하라고 하셨소."

심정은 묵묵히 고개를 끄떡였다.

심정이 말했다.

"지금 동방성은 풍전등화요. 매일 일본군이 공성을 하고 우리는 겨우 막아내고 있소이다. 고구려의 군도 합세하여 성을 지키는 것이 좋겠소."

고운이 말했다.

"오는 중에 군사들에게 들었소이다. 누구도 일본군 총사령관 아지를 당해내지 못했다고…. 일본군 대장 아지의 무용이 그토록 뛰어나오?"

심정은 침통한 표정을 지었다.

"그렇소이다. 나뿐 아니라 누구도 그를 당해내지 못하고 있소."

고운이 말했다.

"그렇군요. 일단 성을 지킵시다."

고구려군이 동방성의 수비에 가담했다.

일본군은 아지의 명령으로 매일 성을 공략했으나 단단한 동방성을 함락시키지는 못했다.

전쟁이 장기화되고 있었다.

고운은 단 황제에게 밀서 하나를 보냈다.

일본군의 적장이 무예가 매우 뛰어나서, 성도에서 고수를 한 명 보내달라는 내용이었다.

단 황제는 그것을 읽고 환에게 상의했다.

환은 구혼이 생각났다.

환은 단에게 구혼을 동방성에 보내 일본국 적장을 죽이는 계략을 올린다.

단은 수락했고,

구혼은 사귀와 함께 동방성으로 향한다.

당시 동방성은 치열한 접전이 벌어지고 있었다.

밀고 밀리는 공성전에 많은 인명 피해가 나고 있었다.

아지는 일본군을 독려해서 동방성에 공격을 쏟아붓고 있었다. 하지만 사려 깊은 심정은 성을 굳건히 지키고 있었다.

그런 와중에

구혼과 사귀는 동방성에 빠르게 당도했다.

심정은 구혼과 사귀를 맞이한다.

구혼이 음산하게 말했다.

"저희가 일본군 적장을 베어다 드리겠습니다."

심정이 구혼을 보았다. 산발 머리를 한 괴인이었다. 심정은 이 남자라면 일본군 총사령관 아지를 벨 수 있을 거라 생각했다.

심정은 다음날 일본군에게 통첩을 하나 보냈다.

아지는 그 통첩을 보고 잠시 공격을 멈추고 흰 백마를 타고 동방성 앞에 선다.

아지가 소리쳤다.

"동방제국에서 날 죽일 수 있는 이 누구랴?"

그러자 성문이 열리며 사귀가 나왔다.

사귀는 귀신 같은 잔인한 검을 아지에게 휘둘렀다.

순식간에 6번의 검이 아지에게 들어갔다. 모두 아지의 급소를 노리고 있었다.

하지만 아지는 창으로 사귀의 검을 모두 쳐냈다.

사귀는 자신의 검을 아지가 모두 쳐내자 몹시 놀랐다.

하지만 그도 잠시, 사귀는 잔인한 표정으로

동귀어진의 힘을 다해 아지를 공격했다.

하지만 사귀의 검은 아지의 갑옷 하나에도 닿을 수가 없었다.

사귀는 전력을 다해 공격했으나 아지를 이길 수가 없었다.

둘의 실력 차이는 상당했다.

사귀 역시 상당한 검의 달인이었으나 아지의 무용은 출신입화(出神入火)에 달해 있었다.

아지는 일본군에서 제일 뛰어난 무사였다.

아지는 긴 창으로 사귀를 계속 흔들었다.

사귀는 있는 힘을 다해 잔인한 검을 휘둘렀다.

하지만, 아지가 모두 읽고 검을 쳐내니 사귀는 아지를 당해내지 못했다.

아지가 창을 들어 빈틈을 노리고 찔렀다.

사귀의 왼 어깨에 창이 박혔다.

사귀는 피를 토했다.

사귀는 이를 악물었다.

'결코, 결코 질 수 없다.'

사귀는 혼신의 힘을 다해 살인검을 넣었다.

하지만 일본군 아지의 무예는 출신입화였다.

아지가 창을 휘두르니 사귀의 검은 멀리 날아갔다.

위에는 위가 있던가….

아지는 긴 창을 사귀의 목에 꽂으려다 말고 말했다.

"너는 꽤 강하구나. 동방성에 너보다 강한 놈이 있느냐?"

그러자 사귀가 말했다.

"우리 두목은 훨씬 강하다. 네놈을 죽일 것이다."

아지가 말했다.

"재미있구나. 그럼 네놈의 두목에게 나오라고 해라. 네놈을 살려

주겠다."

사귀가 말했다.

"네놈은 곧 죽을 것이다."

사귀는 어깻죽지에 피를 흘리며 동방성 안으로 천천히 걸어들어

갔다.

구혼은 성벽에서 사귀와 아지가 겨루는 것을 보고 있었다.

구혼이 음산하게 말했다.

"사귀, 괜찮은가?"

사귀가 말했다.

"형님, 저는 형님이 저 일본군과 겨루기 전에, 저자의 실력을 떠본 것입니다. 형님께서 저자의 창술을 잘 보셨죠?"

구흠은 음산하게 말한다.

"수고했다, 사귀."

구혼은 다음 날 아지에게 결투를 신청한다.

아지는 이를 수락했고, 수십만의 대군이 지켜보는 가운데,

아지와 구혼은 일대일로 겨룬다.

아지가 백마를 타고 창을 잡자 일본군이 환호했다.

그러자 동방성에서는 구혼이 말도 타지 않은 채 걸어 나왔다.

양군의 함성이 천지를 진동했다.

아지는 말을 타고 구혼에게 달려갔다.

그의 화려한 창술은 익히 만인이 알고 있었다.

구혼이 기합을 넣었다.

"하앗."

그러자 음산한 기가 구혼에게 피어올랐다.

아지는 구혼이 지금껏 만난 장수 중에 가장 강하다는 것을 알았다.

구혼은 검을 뽑고 아지와 격돌한다.

아지는 화려한 창술로 구혼을 압박했다.

마치 벚꽃이 떨어지듯 아지의 창술은 화려했다.

천변만화하는 창끝은 누구도 알아채기 어려울 정도였다.

하지만 구혼은 흡사 귀신 같았다.

구혼은 귀신처럼 아지의 창을 한 끗 차이로 모두 피해낸다.

아지는 구혼이 엄청난 검의 고수라는 것을 알았다.

그리고 혼신의 힘을 다해 공격하기 시작한다.

"천변백화(千變百化)!"

아지가 기합을 넣자, 엄청난 창술이 시전되었다.

마치 꽃잎처럼 아지의 창끝이 휘날렸다. 아지의 창술에 빛이 비치자 마치 벚꽃이 흩날리는 듯했다. 구혼의 신형은 아지의 창술에 갇혀버렸다.

그러나 죽을 듯 죽을 듯하면서 구혼은 귀신처럼 아지의 창날을 모두 피해낸다.

신기에 가까운 구혼의 움직임이었다.

구혼의 신형이 귀신처럼 사라졌다가 아지의 앞에 나타났다.

"귀검혼!"

구혼이 검을 쓰자 철갑을 입은 아지의 말의 머리가 순식간에 날아갔다.

엄청난 일 검이었다.

아지의 말의 목이 순식간에 날아간 것이다.

구혼이 쓰는 것은 보검이었는데 엄청나게 날카로운 이기였다.

아지는 말의 목이 날아가자 말과 함께 쓰러졌다.

마침 육중한 말의 시체가 아지의 다리와 포개졌다.

무거운 말 무게에 아지의 다리 또한 부서지고 말았다.

구혼은 아지에게 다가와 검을 썼다. 구혼은 이 일 검으로 아지를 죽이려 했다.

하지만 아지의 무공은 신기에 가까웠다.

말에 깔린 상태에서 창을 휘두르며 구혼의 검을 모두 쳐냈다.

구혼은 계속 살인검을 넣었으나 아지는 말에 깔린 채로 신기와 같은 창술을 써서 구혼의 검을 쳐내 버린다.

경천동지의 격전이었다.

양군의 함성은 점입가경이었다.

아지는 혼신의 힘을 다해 말을 밀어내고 나왔다.

안타깝게도 아지의 오른쪽 다리가 부서져 있었다.

구혼이 다가가자 아지는 창을 구혼에게 겨누었다.

아지가 다시 소리쳤다.

"천변낙화!"

아지의 창이 눈송이처럼 구혼을 갈랐다.

하지만 귀검산의 구혼은 정말 강했다.

아지의 창을 또다시 피해낸 것이다.

종이 한 장 차이로 아지의 화려한 창술을 구혼은 모두 피해냈다.

그렇게 공수가 지나고 있을 때,

심정이 고운에게 말했다.

"지금 우리가 승기를 잡았습니다. 제후께서는 군마를 이끌고 아지를 죽이고 일본군을 습격하시오."

고운이 말했다.

"아직 승부가 나지 않았는데 어찌 그럴 수 있소?"

심정이 말했다.

"지금이 아지를 죽일 수 있는 절호의 기회입니다. 빨리 출전하시어 일본군을 격파하시오."

그 순간 구혼과 아지는 검대 창으로 계속 대결하고 있었다.

그러나 오른쪽 다리뼈가 부서진 아지 쪽이 불리했다.

심정과 고운이 옥신각신할 찰나에

일본군에서 먼저 손을 썼다.

가토가 손짓을 하니, 수만의 일본군이 검을 뽑고 파도처럼 구혼에게 달려들었다.

구혼은 아지를 버려두고 자신에게 달려드는 수많은 일본군을 바라보았다.

구혼의 산발의 긴 머리가 바람이 흩날렸다.

고운도 일본군이 썰물처럼 달려들자 혈룡도를 뽑고 고구려의 기마대와 함께 달려 나갔다.

양군의 병사들은 아지와 구혼을 두고 격렬히 충돌했다.

고구려의 고운은 혈룡도를 들었다.

고운의 무기 혈룡도는

핏빛이 감도는 쇠로 만든 커다란 무기였는데 고운은 이를 자유자재로 사용했다.

혈룡도는 천하의 이기였다. 쇠를 무 자르듯 하는 병기였다.

고구려에서 전해오는 신물을 고운이 가지고 온 것이다.

고운은 말을 타고 닥치는 대로 일본군을 베었다.

혈룡도가 워낙 이기라서 휘두르기만 해도 철 갑옷을 입은 일본군들이 무 잘리듯 썰려 나갔다.

구혼은 격전이 벌어지자 음산하게 말했다.

"아지, 오늘은 때가 아닌 것 같다. 나중에 다시 겨뤄보자."

아지는 다리가 부러진 채로 씨익 웃으며 뒤로 물러섰다.

이제 양 군인들끼리의 대격전이 벌어졌다.

양측은 치열하게 서로를 죽고 죽이는 난전이 발생했다.

닥치는 대로 베고 있는 고운 앞에 한 일본의 무사가 나타났다.

그 일본의 무사는 말했다.

"나는 가니시라고 한다."

고운은 아무 말 없이 혈룡도를 휘둘렀다.

가니시는 검을 들어 막았지만 순식간에 쪼개졌다.

일본군 보병중대가 고운을 포위했다.

그리고 검을 들고 돌격해 왔다.

고운은 주저없이 중대 사이로 말을 몰았다.

혈룡마는 흰말인데 갈기가 핏빛처럼 붉었다.

고운이 혈룡마 위에서 혈룡도를 휘둘렀다.

혈룡도는 방어하기 사실상 불가능한 무기였다.

쇠를 무자르듯 하는 고구려의 신물에 순식간에 일본군 보병중대가 섬멸당했다.

엄청난 전쟁이었다.

양측은 서로를 죽이는 혼전이었다.

전장에서는 치열한 전투가 벌어지고 있었다.

고운은 혈룡도를 가지고 고구려의 기병대와 함께 일본군을 휘저었다.

고구려 기병대는 말 위에서의 전투에 능숙한 특수한 부대였다.

가는 곳마다 일본군을 파쇄했다.

일본군은 검을 주로 썼는데 고구려의 기병대에게 통하지 않았다.

치열한 전투는 점점 동방제국 쪽으로 기울기 시작했다.

아지는 이를 악물고 군사를 10리나 물려서 영채를 세웠다.

동방제국의 대승이었다.

아지는 다리가 부서져서 당분간 전투에 참가할 수 없었다.

일본군은 침울해했다.

한편 매일 당하다가 일본군을 물리친 동방제국의 사기는 몹시 높아졌다.

심정은 고운과 구혼을 불러 치하했다.

한편 일본군에 영마사라는 요술사가 있었다.

그의 요술과 수법은 신출귀몰하여 일본군에서 유명했다.

아지는 다리가 부서지자 영마사를 불렀다.

영마사는 아지에게 찾아갔다.

아지가 영마사에게 말했다.

"본 대장의 다리가 부서져서 전투를 할 수가 없다. 영마사 자네가 자네의 귀술로 공격을 해주어야겠다."

영마사가 말했다.

"제 요술로 동방군을 무찌르겠습니다."

아지는 몹시 기뻐했다.

"영마사, 너의 요술로 적들을 섬멸하라. 내가 다리가 나을 때까지…."

아지는 가토에게 군대의 지휘를 맡기고 영마사를 선봉에 내보낸다.

영마사는 그날 저녁 머리를 풀어 헤치고 북두칠성에게 기도했다.

음산한 기운이 영마사에게 들어왔다.

영마사는 흡족히 웃으며 말했다.

"내 요술을 천하에 보여주겠다. 두고보자."

다음 날 영마사가 있는지 모르는 고운은 고구려의 정예 기병대와 함께 일본군을 공격했다.

저번처럼 혈룡도를 앞세우고 일본군을 벨 생각이었던 것이다.

그러나 영마사가 앞에 나가 주문을 외웠다.

"귀접마공!!"

영마사의 요술은 일종의 환술이었는데, 영마사의 요술에 당하면 환각을 현실로 믿는 착각에 빠져버리는 무서운 요술이었다.

영마사가 앞에 나가 주문을 외우자

고운과 기마대는 천 길 낭떠러지로 떨어지는 듯한 착각에 빠졌다.

환술이었다.

물론 땅은 그대로 있었지만 고운과 고구려의 기병대는 환술에 걸린 것이다.

말이 모두 나동그라지고 고운과 군인들은 모두 말에서 떨어져 버렸다.

아지가 손을 들자, 일본군 발도대가 달려들었다.

그리고 고운 이하 고구려의 기병대를 모두 생포해서 일본군으로 끌고 들어왔다.

아지는 고운을 심문했다.

"그대는 어디서 온 자이오?"

아지가 물었다.

고운이 말했다.

"나는 고구려 동명성왕의 직속으로 동방제국의 황제를 구하기 위해 왔다.

너희 일본군은 동방제국의 황제를 구한다는 미명으로 대륙을 침공하는가?”

아지는 할 말이 없었다.

아지는 차마 고운을 죽이지 못하고 가두었다.

고운과 고구려의 기병대는 투옥되었다.

영마사의 환술로 일본군은 다시 우위를 점했다.

일본군이 성을 포위하고 공격하니 동방군은 무너지는 듯했다.

구혼의 무력으로도 엄청난 대군을 다 죽일 수는 없었던 것이다.

전쟁은 장기화되고 있었다.

한편 도성에서 환은 국정에 최선을 다했다.

환이 백성들의 상소를 처리하니, 공정하고 공평무사했다. 사람들은 대재상 환을 좋아했고, 나라 안은 다시 안정되어 갔다.

환은 법을 엄격히 세워서 민중들을 보호했고, 가난한 이들은 국고를 열어서 도왔다.

달빛 밝은 밤에 환은 황궁에서 문서를 처리하고 있었다. 하루 종일 백성들의 민고를 들은 환은 하늘에 기도했다.

“하느님, 제가 재상이 되었습니다.

하지만 저 한 몸으로 모든 정사를 다 처리할 수는 없습니다.

하느님, 부디 제가 성공하게 해주십시오.

저는 그렇게 생각했습니다.

성공만을 바라는 세태가 아름답지 않다고….

그렇지만 지금은 진심으로 성공해 보고 싶습니다.

하느님, 제갈무후는 진인사대천명이라고 하였죠.

저 역시 저 자신의 일을 다할 것이니, 하늘이시여 부디 저를 성공하게 해주소서.

하늘이여 당신께서 제게 은혜를 베푸신다면, 백골난망 하겠나이다."

환은 오랫동안 두 손을 모은 채로 앉아있었다.

한편 영조의 대군은 그릭시아와 전쟁을 수행하기 위해 서방성으로 나아가고 있었다.

아레스는 동방제국의 군대를 제압하기 위해 경사를 제압하는 것과 동일한 전술을 썼다.

넓은 벌판으로 영조의 군대를 유인한 후 코끼리 부대와 중장보병으로 섬멸시키겠다는 계략이었다.

영조는 하모, 하연, 홍조에게 빠른 기마 대군을 이끌고 서양의 대군을 기습하는 전략을 세웠다.

야심한 밤이었다.

그릭시아의 군대는 불꽃 앞에서 기도를 드리고 잠이 들었다.

까마귀가 산속에서 까악까악 하고 날았다.

그런 그릭시아의 대군 앞에, 세 무리의 기병대가 모습을 드러냈다.

하연, 하모, 홍조였다. 이 셋은 명장으로 일당백의 용사들이었다.

그 전날 저녁, 그릭시아의 대사제 아스터는 불의 신전에서 예배를 드리다가 한 장면을 보게 된다.

동양의 군대가 서양의 진지를 기습하는 장면이었다.

아스터는 즉시 아레스를 만나서 말을 했다.

"아무래도, 적군이 기습할 것 같습니다. 내 영안에 적군이 다가와서 기습하는 것이 보였소이다."

아레스는 말했다.

"대사제께서 신경을 써주시니 감사합니다. 필히 대비하겠습니다."

아레스는 잠이 든 중장보병을 급히 군영에 배치해서 기습에 대비한다.

그 사실을 모르는 하연, 하모, 홍조.

곧이어 엄청난 함성과 함께 하연, 하모, 홍조는 기병대를 이끌고 산 위에서 진격해 내려왔다.

질풍처럼 영채 내에 다가온 세 장수는 무언가 이상함을 깨닫는다.

진지가 텅 비었기 때문이다.

하연이 소리쳤다.

"무언가 이상하다!!"

그때 사방에서 중장보병들이 기병대에게 달려들었다.

그릭시아의 중장보병들이 긴 창을 써서 공격하니 기병대들은 옥수수처럼 떨어져 내렸다.

하연, 하모, 홍조는 온 힘을 다해 싸웠지만 중장보병을 이길 수가 없었다.

중장보병들은 단단한 철 갑옷을 입고 고도로 훈련된 부대였다. 이들은 긴 창을 써서 동방제국 군인들을 사냥했다.

하연이 보다못해 소리쳤다.

"전군 퇴각하라! 퇴각하라!!"

하연, 하모, 홍조가 군문을 빠져나가려는 찰나, 수백의 중장보병들이 문을 막았다.

하연, 하모, 홍조는 이를 악물고 중장보병 속으로 달려들었다.

중장보병들이 창을 쓰니 영조의 군대는 속속 죽어 나가기 시작했다.

하연은 창을 들고 중장보병을 베었으나 두꺼운 갑옷에 막혔다.

하연이 기합을 넣었다.

"하앗!!"

엄청난 함성과 함께 하연이 창을 쓰자 중장보병의 머리가 갑옷 채로 날아가 버렸다.

엄청난 괴력이었다.

홍조도 검을 들고 하모도 창을 들어 중장보병을 공격했다.

세 장수 뒤의 기마병들은 중장보병에게 힘을 못 썼지만, 세 장수

의 신위적 무용에 힘입어

간신히 중장보병의 포위망을 어느 정도 뚫을 수 있었다.

영조군에서 하연, 하모, 홍조 외에는 중장보병의 갑옷을 뚫을 수 있는 무장이 없었다.

하연, 하모, 홍조는 엄청난 힘으로 중장보병을 베고 있었다.

하지만 나머지 영조군들은 저항조차 제대로 해보지 못한 채 죽어 나가고 있었다.

한편 세 장수가 침입한 것을 안 아레스는 스피오를 불렀다.

아레스가 말했다.

"저 세 놈들을 살려 보내지 마라."

스피오는 철검을 들고 그릭시아의 정예 기마대와 함께

간신히 중장보병의 포위망을 뚫고 도주하던 하연, 하모, 홍조를 쫓았다.

엄청난 추격전이 시작되고,

스피오는 영조군을 따라잡아 닥치는 대로 죽이기 시작했다.

뛰어난 스피오의 무력에 영조군은 고전을 금치 못했다.

스피오가 그릭시아의 기병대를 이끌고 학살을 자행하자

영조군은 하연, 하모, 홍조와 몇백 기만 살아남았다.

홍조가 보다못해 말했다.

"저 서양 놈을 죽입시다."

하연, 하모, 홍조는 달아나던 말머리를 돌려 스피오와 겨뤘다.

세 명의 영조군의 맹장들과 겨루는데도 스피오는 두려움이 없었다.

이민족 출신이던 아르골레스와 다르게 스피오는 냉정한 무인이었다.

엄청난 철검이 벼락처럼 공격하니, 하연, 하모, 홍조도 스피오를 어쩔 수 없었다.

스피오가 손짓을 하자 그릭시아의 정예 기병대가 하연, 하모, 홍조를 공격했다.

하연, 하모, 홍조는 많은 그릭시아의 기병대 때문에 한편으로는 싸우면서 한편으로는 퇴각하면서 간신히 목숨만 건져서 달아날 수밖에 없었다.

스피오는 끝까지 추격하여 3명 이외의 모든 영조군을 주실했다.

그릭시아의 대승이자 영조군의 대패였다.

하연, 하모, 홍조는 목숨만을 건져서 간신히 영조에게 돌아온다.

영조는 매우 침통해했다.

기병대원들이 모두 사살당하고 세 장수만 겨우 목숨을 건져서 돌아온 것이다.

"어찌 장군들을 꾸짖을 수 있겠소. 내 계책이 통하지 않은 것을…."

한편 승기를 잡은 아레스는 대군을 몰아 성도 쪽으로 나아간다.

영조는 즉시 가곽과 유상을 불렀다.

영조가 말했다.

"서양의 대군, 중장보병은 너무 강하여 우리가 정면 대결하면 승산이 없소이다. 어떻게 해야겠소이까?"

유상이 말했다.

"저에게 한 계책이 있습니다."

영조가 말했다.

"말해보시오."

유상이 말했다.

"그들을 협지로 유인한 후 화공을 쓰는 것입니다."

영조는 말했다.

"고견을 말해주시오."

유상이 말했다.

"제후께서는 하연 장군에게 1만을 주어 퇴각하는 척해서 적을 책곡으로 유인하시지요. 그곳에 건초더미를 가득 넣고 기름을 흐르게 한 후 불에 모두 태우는 것입니다. 그리고 역습을 하면 대승을 거둘 수 있습니다."

영조는 유상의 말을 옳게 여겼다.

하연은 영조의 밀명을 받고 1만 군과 함께 그릭시아의 군대를 공격하고 패퇴하는 척하며 책곡으로 유인한다.

아레스는 이제 성도까지 다 왔다고 생각했다. 조급해진 것일까? 그는 조심성을 잃고, 계속 진격을 시작한다.

아레스의 군대는 책곡 앞까지 나아간다.

책곡은 협곡으로 사방이 돌더미로 둘러싸인 지형이었다.

유상은 미리 병사들을 시켜서 그곳에 기름을 잔뜩 뿌려놓았다.

하연이 거짓으로 패배한 채 책곡으로 도망가자,

아레스는 전군을 명령하여 책곡으로 향하게 한다.

하연은 책곡으로 들어간다.

한편 아스터는 적군을 보고 아레스에게 말한다.

"적군의 움직임을 보니, 무언가 있는 듯하오. 황제께서는 너무 깊이 들어가지 마시오."

그러자 아레스의 부장 스피오가 말했다.

"지금이 승기를 잡았는데, 영조군을 섬멸시킬 기회입니다. 끝까지 추적해야 합니다."

아레스는 스피오의 말이 옳다고 여겼다.

스피오가 아스터에게 말했다.

"지금 군사들의 사기가 승승장구하는데 어찌 군사를 모르는 대사제께서 군대의 일에 참견하시오!!!"

아레스는 대군을 휘몰아 책곡으로 향했다.

아레스의 군대가 책곡에 들어가자, 하연은 재빨리 준비된 밧줄을 써서 산 위로 도망쳐 버린다.

아레스는 대군을 몰아 들어가다가 무언가 이상한 것을 느낀다.

바닥이 미끈미끈했기 때문이다.

아레스는 오기 때문인지 계속 군대를 진격시킨다.

"조금만 더 가면 영조군의 진지가 있다. 오늘 점심은 그곳에서 먹는다!!!"

그릭시아의 군대는 책곡 깊은 곳으로 들어갔다.

그때 홍조가 1만 병사들과 산 위에서 나타나며 화살에 불을 붙여 쏘았다.

1만의 불꽃화살이 마치 그림처럼 책곡에 떨어졌다.

엄청난 불꽃이 일어났다.

마치 지옥처럼, 엄청난 검은 불꽃이 그릭시아의 군대를 덮었다.

마침 하늘도 무심한지 바람이 불었다.

거대한 불꽃은 거대한 악마처럼 서양의 군대를 휩쓸었다.

아비규환이었다.

그릭시아의 군대들은 소리 지르며 서로 도망치기 바빴다.

중장보병들은 갑옷이 매우 두꺼워서 무거웠다.

그렇기에 빨리 움직일 수 없었던 것이다.

코끼리들은 미친 듯이 날뛰었다.

수십만의 서양의 대군이 불꽃 속에 삼켜진 것이다.

그 불은 맹렬해서 협곡 전체를 태워 버렸다.

아비규환 지옥도가 펼쳐졌다.

엄청난 불에 서양의 대군은 불타올랐다.

영조가 발탁한 유상의 계책이 통한 것이었다.

서양의 군대는 기도문을 외우며 사방으로 도망쳤다.

"신이시여, 제발 살려주소서. 신이시여, 제발 살려주소서."

그렇지만 야속하게도 불꽃은 그릭시아의 병사들을 삼켰다.

유사 이래 이런 불꽃은 없었으리라.

엄청난 검은 불꽃이 험지를 태웠다.

아스터 역시도 불꽃 속에서 아비규환에 빠졌다.

아스터 앞에 한 젊은 남자가 나타났다.

황제 아레스였다.

"대사제, 어서 타시지요."

아레스는 하얀 말 하나에 대사제를 안고 태웠다.

아레스는 불길을 해치며 재빨리 불길을 벗어났다.

아스터는 절규했다.

'아아, 신이시여, 저희 대군이 불꽃에 망하나이다. 아아, 신이시여 저희 대군이 불꽃에 망하나이다.

전쟁을 막지 못한 저의 죄를 용서치 마소서!! 전쟁을 막지 못한 저의 죄를 용서치 마소서!!!'

아레스는 입술을 꽉 깨물며 불꽃 속에서 탈출했다.

저주받은 밤이었다.

엄청난 불꽃에 서양의 대군은 몰살당하시피 했다.

그릭시아는 병력의 8할 이상을 잃어버렸다.

대참패였던 것이다.

세계 정복을 꿈꾼 아레스의 희망이 모두 불꽃 하나에 무너지는 순간이었다.

한 젊은 유생 유상이 계책으로 서양의 대군을 몰살시킨 것이다.

아레스가 말했다.

"대사제, 내가 대사제의 말을 들을 걸 그랬소이다."

아스터가 말했다.

"이렇게 된 것을 어쩌겠소…? 병력을 추슬러서 고국으로 돌아갑시다."

아레스가 말했다.

"아직 2만 이상의 병력이 남아 있습니다. 나는 계속 공격해서 동방제국을 섬멸할 겁니다."

아스터가 화를 냈다.

"아니!! 황제!! 일이 이렇게 되고도 모르겠소? 신께서는 당신을 벌하셨소!! 무분별한 정복 전쟁에 힘을 주는 신이 어디 있겠소!!"

아레스가 말했다.

"대사제, 죄송합니다. 하지만 저는 끝까지 해봐야겠습니다."

아레스는 살아남은 그릭시아의 군대를 사열한다.

스피오도 아무 말 없이 아레스를 따랐다.

그렇게 어두운 밤은 이어졌다.

한편 영조는 전승문을 써서 단에게 알렸다.

단은 크게 기뻐하고 영조를 치하했다.

단은 승리를 듣고 제문을 써서 하늘에게 기도했다.

"소제 단은 어려움과 환난을 맞았으나, 이를 이겨내고 다시금 황제가 되었습니다.

높고 푸르른 하늘이시여, 저와 동방제국을 비춰 주시옵소서.

그리하여 백성들이 즐겁게 생업에 종사하게 하시고,

나라가 안정되게 해주시옵소서.

저는 선정을 베풀어 민중들을 위한 정치를 하겠다고 하늘 앞에 고하나이다.

하늘이시여, 부디 소인을 축복하여 주소서. 저는 힘이 미진하여 대업을 하기 어렵나이다.

높고 푸르른 하늘의 어지심과 저에 대한 신성한 사랑을 의지하여 기도하나니, 부디 저를 축복하여 주소서.

제가 원하는 것이 이뤄지게 하소서."

단은 제문을 읽고 과거가 생각나서 심히 통곡했다.

그리고 단은 제문을 올리고 하늘 앞에 세 번 절했다.

그때 태양이 높게 떠서 단을 비추었다.

하늘에서는 신선한 산들바람이 불었다.

단은 오랫동안 하늘 앞에 엎드려 있었다.

한편 고운은 일본군에 사로잡혀 있었다. 긴 옥에 고운은 갇혀 있었는데 한 남자가 고운에게 나타난다. 그는 일본군에 항복한 동방장군 사강이었다.

일전에 고운은 사강의 매복계에 걸린 적이 있어서 그의 얼굴을 알아보았다.

고운이 말했다.

"동방장군께서 일본군에 들어가셨군요. 여긴 어쩐 일이오?"

사강이 말했다.

"내가 일본 놈들에게 항복할 것 같소?"

고운이 말했다.

"그런 어떤 꿍꿍이라도 있는 것이오?"

사강이 말했다.

"나는 일본군에게 우리가 상대가 안 된다고 생각하고, 거짓 항복을 했소이다. 내 부하들은 일본군에 남아 있소.

우리는 일본군 내에서 거병을 할 것이오. 우리 제국에 들어온 일본 놈들을 모두 죽여버리고 싶소이다.

이번에는 고구려의 귀공께서도 힘을 합쳐주시오."

사강이 검을 쓰자 고운의 손에 있는 철 줄이 끊어졌다.

사강이 말했다.

"나를 따라오시오."

고운은 사강을 따라갔다.

사강은 자신의 막사로 고운을 불렀다.

"오늘 밤이오. 오늘 밤 거병하여 일본군을 칠 것이오. 동방성의 심정에게 밀사를 보내놨소. 우리가 거병하면 곧바로 호응하라는 밀사를."

사강은 고운의 혈룡도를 들어 고운에게 주었다. 핏빛이 감도는 철기였다. 고운은 혈룡도를 꽉 움켜쥐었다.

그날 저녁, 사강은 자신을 따르는 무리와 함께 거병했다. 동방제국을 따르는 일본군 내 군사들이 일본군을 공격한 것이다.

이들은 사강이 이끌던 동방군이었다.

일본군은 당황하고 기습을 당해 이를 진압하느라 애를 먹기 시작했다.

동방군은 그동안의 수모를 갚겠다는 듯, 미친 듯이 일본군을 공격했다.

엎친 데 덮친 격으로 구혼은 사강과 호응하여 바깥에서 북방군을 이끌고 일본군을 기습했다.

엄청난 격전이 벌어졌다.

일본군은 대오를 채 갖추기도 전에 안팎에서 적을 맞이해야 했다.

아지는 다리가 거의 나은 상태였다.

아지는 창 한 자루를 들고 일본군을 지휘한다.

"먼저 내부의 쥐새끼들부터 죽여라. 그리고 바깥을 막는다."

아지는 사강을 죽이고 군대를 해체시키지 않은 것을 후회했다.

하지만 후회할 시간조차 없었다.

내부 반란군에 의해 일본군은 혼란에 빠지고 살육전이 시작되었다. 명령 체계가 전혀 통하지 않았다.

마치 일본군은 낭인 집단처럼 변모했다.

아지는 급히 난군 중에 영마사를 찾았다.

영마사가 아지에게 오자 아지가 말한다.

"너는 발도대랑 빨리 나가서 영내로 들어오는 군대를 환술로 차단해라. 내가 군대 안을 정리하겠다."

영마사는 황급히 발도대와 함께 일본 군영 앞으로 갔다.

그렇지만, 영마사는 한 귀신이 자신에게 다가오는 것을 보았다.

그의 신형은 무척 빨랐다.

영마사가 채 주문을 외우기도 전에, 그 귀신은 영마사의 이마에 검을 넣었다.

그 귀신은 구혼이었다.

동방제국의 군대가 구혼을 필두로 발도대를 제압하고 순식간에 일본군을 공격하기 시작했다.

사강은 동방군을 이끌고 일본군과 격전을 벌인다.

아지는 창 한 자루를 들고 군대 속을 헤쳐 나가다가 사강을 발견한다.

아지가 분노해서 말했다.

"이놈 사강!! 거짓으로 항복했구나."

사강이 웃으며 말했다.

"내 어찌 일본군의 개가 될 수 있겠소?"

아지는 온 힘을 다해 창을 들고 사강을 공격한다. 하지만 대세는 이미 기울어졌던 것이다.

아지가 소리쳤다.

"천변낙화!"

아지의 창이 또다시 벚꽃처럼 휘날렸다.

하지만 동방군은 사강을 두텁게 호위했다.

아지가 미친 듯이 좌충우돌했지만 두터운 포위망을 뚫을 수 없었다.

아지는 개미 떼 같은 동방군 속에서 헤엄치는 고기에 지나지 않았다.

무예가 매우 뛰어났지만 사강의 계략이 한 수 위였던 것이다.

고구려의 고운은 혈룡도를 들고 아지를 잡기 위해 공격했다.

핏빛 혈룡도를 쓰는 고운의 무예에 아지는 반도 실력을 낼 수 없었다.

동이 점점 트며, 군대의 윤곽이 드러났다.

구혼의 군대가 바깥에서 그리고 사강의 군대가 안에서 공격하자 일본군은 모래성처럼 허물어져 내렸다.

아지는 고운과 치열하게 접전을 벌이다가 말했다.

"전군 퇴각한다!!! 기회를 노린다!!!"

아지는 고운을 버려두고 정신없이 도망쳤다.

살아남은 일본군들이 아지를 따라 도망쳤다.

동방제국의 대승이었다.

구혼과 고운은 만났다.

구혼이 음산하게 말했다.

"갇혀 있느라 수고하셨소."

고운은 말했다.

"잘 와주셨소."

그렇게 일본군은 크게 섬멸되어 패주했다.

동방의 군대는 단에게 표문을 올려 승전 소식을 전한다.

단은 크게 기뻐하고, 사강의 공로를 치하했다.

사강에게 동방장군에 땅을 더해 주고 성도에 사강의 동상을 세운다.

한편 일본군이 섬멸당했다는 소식을 들은 심정은 고뇌한다. 황제를 뵐 면목이 없었던 것이다.

인자한 황제는 심정을 용서했지만 심정은 엄청난 양심의 가책을 느껴야 했다.

정부를 따라 온갖 악행을 계속했기 때문이다.

심정은 글 하나를 남기고 떠나버린다.

"하늘이시여, 악행에 가담하여, 검은 피가 온몸에 가득했나이다.

다시 검은 것이 흰 것으로 돌아갈 수 있겠나이까?"

그런 심정에게 군대를 잃고 실종된 경사가 찾아온다.

심정이 경사를 보고 말했다.

"용케 살아있었군….."

경사가 말했다.

"죽기에는 이르네. 우리 다른 세계로 떠나세. 정부 같은 여우 말고 다른 주군을 찾는 게 어떤가?"

심정은 말없이 고개를 끄떡였다.

심정과 경사는 검을 차고 동방성을 빠져나간다.

그 두 명의 장군은 더 넓은 차원으로 향했다.

한편 환은 정치에 열심이었다. 각종 법을 만들고 정책을 만들어서 민중에게 시행하니, 환은 민중에게 인기가 매우 높아졌다.

단 황제는 환을 신임하여 거의 모든 정무를 처리하게 했다.

동방제국은 다시 활기를 찾아갔고, 패륜아들은 형벌을 받았다.

환은 엄격하게 형법을 시행하니 나라 안의 도적과 범죄가 줄었다.

다시 사람들은 인심이 좋아졌고 동방제국은 동방예의지국의 모습을 찾아만 갔다.

동쪽에서 일본군이 패퇴하고, 서쪽에서 서양군이 패퇴하니 다시 태평성대가 오는 듯했다.

단 황제도 어진 마음으로 백성을 돌보니 다시 나라는 전란을 딛고 안정되고 있었다.

그러나 그릭시아의 황제 아레스는 남은 코끼리 부대와 중장보병으로 마지막 전투를 준비하고 있었다.

서방장군이 된 영조와 혈전을 앞두고 있는 것이다.

아레스는 부장 스피오 그리고 대사제 아스터와 함께 영조군과 동귀어진의 전쟁을 준비한다.

영조는 30만 대군을 이끌고 아레스의 남은 2만 군을 포위한다.

영조는 하모, 하연, 홍조, 저허, 위전, 다섯 장수에게 5만의 병력을 주어 아레스를 섬멸하게 했다.

포위당한 아레스는 연설한다.

"이제 우리는 죽을 수도 살 수도 있는 지경에 놓였다.

하지만 우리는 단 한 병사도 쓰러지기까지 항복하지 않는다.

우리는 이 전투에서 모두 죽을 것이다.

그렇지만 우리가 한 명이 죽으면 적은 열 명이 죽을 것이다.

불타는 투혼으로 마지막 전투까지 우리의 혼을 불사른다.

신이시여, 이 아레스의 마지막 전투를 보아주십시오.

비록 세계 정복에 승리하지 못했을지라도,

우리는 남자로서, 그리고 군인으로서 최선을 다해 싸웠나이다.

신이시여!!

이기면 어떻고 지면 어떻겠습니까?

우리가 불사르는 투혼의 예배를 받아주십시오!!!"

아레스는 직접 갑옷을 입고 창을 들고 병사들을 독려한다.

남은 코끼리 부대와 중장보병들은 영조군과 맞부딪친다.

부장 스피오도 검을 뽑고 공격한다.

장렬한 전투였다.

30만의 영조군은 물밀듯이 들이치며 그릭시아의 군대를 베었다.

정말로 아레스의 말대로 그릭시아의 군인 1명이 죽으면

영조군의 10명이 죽었다.

중장보병들은 진영이 무너지긴 했어도 긴 창을 들고 투혼을 다해 싸웠던 것이다.

피투성이가 된 스피오가 아레스에게 온다.

스피오가 말했다.

"황제, 어서 피하십시오."

그러나 아레스가 말했다.

"아니다. 나는 여기서 죽을 것이다."

스피오가 철검을 들고 말했다.

"누구든 황제를 죽이려면 저를 죽여야 할 것입니다."

그렇게 아레스 스피오는 처절한 투혼을 벌인다.

전쟁은 계속되었고 그릭시아의 군대는 거의 다 죽어 나갔다.

대사제 아스터는 어떻게 되었는지 보이지 않았다.

아레스 스피오는 서로 등을 맞대고 닥치는 대로 죽이고 있었다.

그러나 전장에 살아남은 그릭시아의 군대는 얼마 보이지 않았다.

영조는 말을 타고 아레스를 보았다.

영조가 말했다.

"항복하시오."

그러자 아레스가 말했다.

"절대 항복할 수 없다."

영조가 말했다.

"그릭시아의 황제, 만나서 반가웠습니다. 저는 동방제국의 제후 영조라고 합니다.

옛말에 '하늘에 죄를 지으면 빌 곳이 없다'는 동양의 언어가 있습니다.

황제께서 패도를 걷고 여러 나라들을 침공하셨고, 동방제국까지 침공하셨으니,

여기서 그치는 것이 당연합니다.

잘 가시오."

영조가 손을 들었다.

그러자 10만 명의 대군이 일제히 활을 쏘았다.

아레스와 스피오는 장렬히 엄청난 화살에 맞아 전사한다.

그릭시아의 황제가 죽는 순간이었다.

한편 대사제 아스터는 전란 중에 한 외팔이 중이 군대 사이를 뚫

고 들어와 자신을 구한 것을 보았다. 그 외팔이 중은 전에 자신이 신의 무소부재를 가르쳐 주었던 서방장군 변념이었다. 변념은 아스터를 한 팔로 안고 죽을힘을 다해 달려 전장을 벗어났다.

엄청난 속도로 전장을 벗어난 변념은 아스터를 내려놓았다.

하지만 아스터 역시도 등에 화살 한 개가 박혀 있었다.

아스터가 말했다.

"그대는 은혜를 잊지 않았소… 이 대사제를 살려주다니….”

변념은 씁쓸히 웃었다.

아스터는 말했다.

"이 노인은 살날이 얼마 남지 않은 것 같소.”

아스터는 기도했다.

"신이시여, 정복 전쟁을 말리지 못하여, 그릭시아의 대군이 전멸하고 이 노인도 화를 입게 되었나이다. 평생을 신에게 헌신했지만 이렇게 가게 되는군요.

신이시여, 다음 세상에서는 더 경건하게 당신을 예배하겠나이다. 무한의 신성이시여!! 다음 세상에서 예배하겠나이다!!!”

아스터는 흡족히 웃었다.

아스터가 변념에게 말했다.

"수고스럽지만, 내 시체를 화장해 주시오.”

아스터는 희미한 미소를 지으며 목숨을 잃었다. 그릭시아 대사제의 마지막이었다.

변념은 한 손으로 합장을 한 후 아스터를 화장했다.

연기가 쓸쓸하게 피어올랐다.

변념은 허무했다.

'아, 우리는 어디서 와서 어디로 가는가? 이 넓은 우주 속 우리는 스쳐 가는 듯하다….'

변념은 다시 한 손으로 합장을 했다.

변념의 뇌리에는 화살에 맞아 떠난 항신의 모습이 스쳤다.

엄청난 불꽃이 아스터를 태우고,

대사제 아스터의 시체는 한 줌의 재로 변했다.

그렇게 시대의 대사제 아스터는 떠났다.

한편 그릭시아의 군대를 섬멸시킨 가곽은 영조에게 나아갔다.

"대승했습니다. 제후!"

영조는 흡족히 웃었다.

가곽이 말했다.

"전에 했던 말을 기억하십니까?"

영조가 물었다.

"무슨 말이오?"

가곽이 말했다.

"용이 어찌 못 속의 물건이겠습니까?"

영조가 말했다.

"그러면 모반을 생각하는 것이오?"

가곽이 말했다.

"황제 단은 안타깝게 황운을 잃었습니다. 정부가 나라를 도적질하고, 이 나라는 새로운 시대를 필요로 하고 있습니다."

영조가 말했다.

"그러나 내가 어찌 황제를 칠 수 있겠소? 그건 역모와 마찬가지 아니오? 정부가 어떻게 죽었소이까?

그리고 천하 사람들은 내가 황제를 위해 거병한 줄 알고 있소이다. 내가 반역하면 나를 욕하고 멀리할 것이오."

가곽이 말했다.

"일단 서방성에서 주둔하며, 천하를 노리는 게 나을 것 같습니다."

영조도 이를 옳게 여겨 서방성에서 군마를 훈련시켰다.

그릭시아의 대군은 참패했고, 일본의 대군도 참패했다.

이제 동방제국은 외침으로부터 자유롭게 된 것이다.

환은 동방제국의 재상이 되어 백성들을 어루만지고 달래니, 민심을 얻게 되었다.

어느 날 환이 도성에 가다가 한 노인이 울고 있는 것을 보았다.

환이 다가가 말했다.

"그대는 왜 울고 있소?"

그 노인이 말했다

"사업을 하다가 망해서 아들은 노비가 되어 울고 있습니다."

환은 나라의 돈을 민중들에게 대출해 주는 법을 시행했다.

그래서 무너진 사람도 망한 사람도 새로 시작할 수 있는 시대가 열렸다.

사람들은 기회에 열심이었고, 각자의 꿈을 위해 살기 시작했다.

그렇게 천하는 안정되는 듯했다.

하지만 인생만사란게 항상 순조롭지는 않았다.

복귀한 황제 단은 질병에 걸려 버린다.

젊은 나이였음에도 증세는 심각했다.

단은 용상에서 누워 사경을 헤맸다.

의원들이 왔으나 단은 나아질 기미가 보이지 않았다.

단은 자신의 죽음이 얼마 남지 않았다는 것을 알았다.

단은 환을 부른다.

환이 나아가자 단이 말한다.

"나는 선제가 돌아가시고 즉위하고, 오랜 시간을 감금되어 고통받았소.

그런데 불행히도, 또 질병에 걸려서 일찍 떠나야 할 듯하오.

내가 떠나면, 환공께서 즉위해 주시오.

나는 결혼을 하지 않아 후사가 없소이다."

환은 극구 사양했다.

"황제께서는 일어나실 생각을 하셔야 합니다."

그러나 단은 말했다.

"아니오. 나는 틀린 것 같소. 내가 곧 떠나면, 즉위하시오."

그리고 몇 달이 되지 않아 젊은 황제 단은 세상을 떠나니 사람들은 오열했다.

환은 유지를 받들어 황제가 된다. 흰 白자를 써서 백나라라고 사람들은 불렀다.

한편 영조에게는 기회가 왔다.

차마 반역은 할 수 없었던 서방장군 영조에게 단의 죽음은 쾌재였다.

영조는 가곽과 유상을 불러들인다.

그리고 모의한다.

가곽이 말했다.

"지금 황제를 인정할 수 없다고 하며, 나라의 안정을 위해 도성을 점령한다고 도를 세우십시오. 그리고 군마를 휘몰아 성도로 나아가면 되는 것입니다."

유상도 동의했다.

영조가 이를 옳게 여기고 거병하니 때는 겨울이었다.

영조는 포고했다.

"안타깝게도 황제 단이 일찍 병사하였도다.

지금 천하는 불안정하고,

환은 나약한 선비로 황제의 중임을 맡기에는 부족하다.

나 서방장군 영조가 대군을 이끌고 성도로 나아가 나라를 안정시키고자 한다."

영조는 홍조, 하연, 하모에게 각 10만씩을 주어 성도로 나아가게 했다.

다시금 전쟁의 시작이었다.

한편 서방장군 영조가 거병하자 환은 즉위 후에 당황했다.

환은 사신을 보내어 영조에게 말한다.

"형님, 형님께서는 지난날의 맹세를 잊으셨습니까? 같이 구국안민을 하자는 맹세를…."

그렇지만 영조는 아무 대답도 없이 군사를 휘몰아 도성으로 향한다.

환은 어쩔 수 없다는 것을 알았다.

결국 황군을 모아 영조와 격돌하게 된다.

천하의 패자를 두고 영조와 환이 격돌한 것이다.

양 대군은 넓은 벌판에서 마주했다.

그리고 대군과 대군이 격돌했다.

익비, 구혼, 사책, 주성 고운은 환 쪽에 참전했다.

반면 영조는 자신이 아끼는 무장 하모, 하연, 홍조를 사용했다.

대군이 격돌하고 엄청난 사상자를 냈다.

그렇게 골육상쟁은 시작되었다.

전쟁은 서로 죽고 죽이는 양상으로 벌어져만 갔다.

구혼은 귀검산의 검객들과 함께 전장을 누빈다.

구혼이 벤 수는 무려 1,000명이었다.

1,000명의 영조군의 무사들이 구혼의 손에 죽어갔다.

구혼은 천하무적이라 할 만했다.

익비도 검을 써서 엄청난 전투를 했다.

영조의 야심이 만들어 낸 참극이었다.

함께 존황배사를 했던 제후들이 혈전을 벌이게 된 것이다.

전쟁은 한 달 넘게 계속되었다.

환은 사책과 주성에게 전략을 맡겼다.

반면 영조는 가곽 유상을 신뢰했다.

또한 영조에게는 홍조, 하연, 하모라는 당세의 무장이 있었다.

반면 환은 구혼, 익비, 고운이 있었다.

양측은 치열한 접전을 벌인다.

치열한 계략과 접전 끝에 양측의 대군이 정면 승부를 벌이게 되었다.

가곽은 병사들을 배치했고 사책과 주성도 상의하에 병사들을 배치했다.

드디어 최후의 결전의 순간이 왔다.

양군은 대화(大火)라는 넓은 벌판에서 만났다.

이제 황제를 가리는 대전투가 대화에서 벌어진 것이다.

양군은 병장기를 나열했다. 도합 100만의 군대가 대화라는 평지에서 만났다.

양군은 곧 격돌한다.

사상자가 속출하고 경천동지의 전쟁이 시작되었다.

좌군, 우군, 중군, 선봉을 앞세운 고대의 병법전이 펼쳐진 것이다.

양군은 치열하게 격돌했다.

한창 전투가 한창일 때, 구혼이 5만 군을 이끌고 영조군의 측면을 공격했다.

구혼은 검을 뽑고 마치 귀신처럼 베어 넘겼다.

영조군의 진영이 흐트러지기 시작했다.

사책은 구혼에게 밀명을 주어, 측면을 공격하게 했던 것이다.

가곽은 홍조를 보내서 구혼을 막게 했다.

하지만 영조군은 측면에서 귀신의 바람처럼 달려드는 구혼의 군대에 속수무책으로 당하고 있었다.

또 우측에서 고운이 혈룡도를 휘두르며 고지에서 기병대와 함께 내려왔다.

영조의 군대는 허물어지고 있었다.

가곽은 급히 하연을 파견해서 고운을 막게 했다.

정면 대결에서는 영조군이 우위였지만 사책은 정면에 6할을 쏟으면서 양 쪽에 2할을 쏟았던 것이다.

가곽은 정면 승부에 유리한 진영을 배치했기에 영조군이 초반에는 우세했지만, 양 측면의 불시의 기습으로 군세가 허물어지기 시작했다.

초반에 영조군이 세웠던 중군의 우위 역시도 꺾이기 시작했다.

영조군의 중군을 이끄는 하모는 괴력의 창술로 환의 군대를 베고 있었다.

사책은 익비를 보내서, 하모와 격돌하게 했다.

6명의 신장들의 격돌이 시작되었다.

구혼과 홍조는 검대 검으로 맞붙었다.

무수히 오가는 공세와 허수와 실수가 번갈아 교차했다.

반면 하연은 고운과 창 대 혈룡도로 경천동지의 격전을 벌였다.

익비는 대도를 써서 하모의 창과 격돌했다.

양측의 군사들도 치열하게 격돌했다.

6명의 신장의 무공은 호각이었다.

먼지가 일고 바람이 불었다.

6명의 신장들의 공수가 무수히 오가고 있었다.

그때였다. 가곽이 보낸 화공병들이 어디선가 나타나서 각지에서 환의 진채에 불을 놓기 시작했다.

불은 강풍을 타고 엄청나게 퍼져 나갔다.

불이 붙자 환의 군대는 동요하고 두려워하기 시작했다.

구혼, 익비, 고운은 열심을 다했으나 환의 병사들이 허물어지자, 점점 밀리기 시작했다.

환은 사책, 주성과 함께 전장을 보고 있었다.

불이 붙고 병사들이 죽어 나가자, 환은 탄식했다.

"하늘은 영조를 택했나 봅니다."

사책과 주성도 엄청나게 번지는 불꽃 앞에서는 속수무책이었다.

불은 점점 번지고 환의 군대는 도주하기 시작했다.

구혼, 익비, 고운이 투혼을 벌였지만 엄청나게 쏟아지는 영조군의 군세를 당해내기 어려웠다.

그때, 우연일까? 하늘이 어둑어둑해지고 번개가 번쩍였다.

엄청난 번개는 전장을 갈랐다.

그리고 번개 후에 먹구름이 몰려들며

비가 오기 시작했다.

점점 떨어지는 빗방울은 소나기가 되어서 내렸다.

세찬 빗줄기에 가곽이 세운 화계가 통하지 않고 있었다.

하늘이 환을 도운 것일까?

익비는 비가 오는 것을 보고 하모와 겨루다가 기도하기 시작했다.

"하늘이시여, 부디 저의 검에 힘을 주소서. 환 형님은 늘 사려 깊게 남을 배려해 왔고, 약자들을 도왔으며, 환 형님이야말로 황제의 자격이 있는 분이나이다.

영조는 야심이 있기에 백성들을 돌보기 어렵습니다. 하늘이시여 부디 저의 검에 힘을 주소서!"

익비는 제비처럼 날아올라 용처럼 대도를 휘둘렀다. 그러자 강력

한 무장 하모는 창을 써서 막았지만 대도를 막을 수 없었다.

하모의 창은 순식간에 부러진다.

익비는 성난 범처럼 공격해 들어갔다.

하모는 창을 떨어트리고 도망갔다.

익비의 엄청난 용맹에 환의 군사들은 용기가 치솟았다.

또한 영조군의 대장군 하모가 등을 돌려 도망가자 영조군의 사기는 떨어졌고 환의 군대의 사기는 치솟기 시작했다.

소나기가 내려 불이 꺼지고 익비의 군대는 파죽지세로 영조군의 중심으로 파고들고 있었다.

전세가 다시 뒤바뀐 것이다.

구혼과 고운도 용맹을 떨쳐서 측면을 다시 파고들었다.

비가 계속 내리고 익비는 계속 앞으로 전진했다.

익비는 막는 영조군을 베기 시작했다.

익비의 대도가 번쩍이는 곳에 어김없이 막는 영조군의 목이 떨어졌다.

영조군에서 누구도 익비를 막을 수가 없었다.

익비는 영조군의 황제의 기가 있는 진영까지 도착했다.

영조군의 무사들이 익비를 막으려 했으나 익비는 엄청난 괴력으로 만나는 이들을 모두 쓰러트렸다.

익비는 영조군의 황제의 기를 베었다.

황제의 기는 두꺼운 나무로 만들었는데

익비가 대도로 여러 번 찍자 영조군의 황제의 기는 엄청난 소리를 내며 쓰러져 내렸다.

익비가 고함을 질렀다.

엄청난 소리에 천둥이 쳤다.

벼락은 마치 익비의 고함과 맞물려 전장을 진동시켰다.

대낮에 먹구름이 몰려들고 비가 쏟아지는 가운데 양군은 치열하게 전투하고 있었다.

익비의 함성에 환의 군대의 사기는 하늘로 승천했고,

영조군의 사기는 바닥으로 떨어졌다.

사책은 익비를 보고 남은 병사들을 지휘하여 영조군을 격파하게 했다.

파죽지세처럼 익비를 따라 엄청난 수의 환의 군대가 쏟아져 들어갔다.

환의 군대는 승리로 향하고 있었다.

가곽은 영조군의 황제의 기가 쓰러진 것을 보고 탄식했다.

"내가 세운 계략도, 하늘에서 내린 비에 통하지 않았구나…. 내가 졌구나….

후회는 없다. 적어도 나는 최선을 다했으니….

어찌 하늘에서 내린 비를 탓하랴….

하늘이시여, 이 가곽을 낳으시고 어찌 비를 내리셨단 말입니까…."

가곽은 피를 토했다.

그의 병이 깊어진 것이었다.

사실 그는 깊은 지병을 안고도 계속 전쟁을 수행해 왔던 것이다.

가곽은 끝이 다가왔음을 알고 칼을 들어 자신의 배를 찔렀다.

피와 함께 가곽은 정신을 잃어갔다.

그런 가곽에게 한 군인이 나타났다.

인간 같기도 했고 신 같기도 했는데 육체 안의 인간이 아니었다.

그 군인이 가곽에게 말했다.

"가곽, 이번 생은 여기까지요. 다음 전장이 당신을 기다리고 있소이다."

가곽의 혼령은 싱긋 웃으며, 그 군인을 따라갔다.

가곽의 혼령이 멀리 날아가며 말했다.

"다음에는 하늘이 나를 버려도 전쟁은 이기겠다."

가곽의 혼령은 그 군인과 함께 어디론가 사라졌다.

한편 영조는 가곽이 자결하는 것을 보았다.

영조는 탄식했다.

"하늘이시여, 당신은 야망보다 대의를 택했나이다. 이 영조는 이 전쟁의 승패에 승복합니다.

하느님, 저에게는 야망이 있었습니다.

남아로 태어나 최고의 권좌를 꿈꿨던 것, 잘못이라고 생각하지 않습니다.

그러나 당신께서 환이 새로운 세상을 이끌 적임자라고 생각했다면 저 역시 하늘의 뜻에 따릅니다."

영조는 껄껄 웃었다.

그리고 유상에게 명해서 전군에게 항복 명령을 내렸다.

치열하게 전투하던 하모, 하연도 영조의 항복 명령을 들었다.

영조군은 모두 병장기를 떨어트렸다.

전쟁이 끝나는 순간이었다.

먹구름도 소나기도 그치고 다시 밝은 해가 전장을 비췄다.

익비의 호위로 환은 친히 항복한 영조의 막사를 찾았다.

환이 말했다.

영조는 앉아서 처분만을 기다리고 있었다.

환이 앉아있는 영조에게 다가가 부드럽게 말했다.

"형님, 일어나시지요. 우리가 이렇게 싸우는 거 좋지 않습니다."

영조가 말했다.

"동생, 내가 맹세를 해놓고 야망을 위해서 배신했구나… 내 탓이다. 미안하다…."

환이 말했다.

"형님, 형님이 정말 천하를 원하시고 백성들을 잘 돌볼 수 있으면 형님이 황제를 하십시오. 대신 하나만 약속해 주십시오. 백성들을 하늘처럼 사랑하겠다고… 하늘을 대신해서 백성들을 돌보겠다고….”

영조가 말했다.

“아니다. 동생, 네가 바로 황제의 적임자다. 정치의 도는 애민이다…. 너야말로 천하 만민을 사랑하고 사랑받을 자격이 있는 사람이다.”

환은 영조를 말에 태우고 함께 황궁으로 향했다.

그렇게 치열한 전쟁은 막을 내렸다.

환은 영조에게 그대로 서방장군직을 유지하게 했으나 영조는 사양하고 군대를 해산한 후 고향으로 내려간다.

환의 즉위식이 열렸다.

소박한 즉위식이었다.

이 즉위식에 살아남은

영조, 하모, 하연, 구혼, 익비, 사책, 주성, 고운 모두 참석했다.

또한 과거의 살아남은 육조대신들도 참석했다.

문무백관이 나열한 가운데

환은 하늘에게 글을 바친다.

向天煥書.

하늘이시여, 저는 과거에 낙방하고 서주를 떠돌며 정의를 찾아 헤메었나이다.

많은 고초 속에서도 희망을 잃지 않았고, 어떤 일이든 최선을 다하려 했나이다.

다행히 좋은 기회를 만나서

서주성주가 되었고,

세상은 역적의 난립으로 혼돈으로 들어가야 했나이다.

저는 황제를 구하고 도탄에 빠진 민중들을 구하기 위해 거병하게 되었나이다.

그리고 성도를 탈환했으나, 아쉽게도 황제 단이 병에 걸려서 먼저 작고해야 했나이다.

하늘이시여, 부족하지만 이 몸이 황제가 되었음을 고하나이다.

저 환은 목숨을 다하여 사명을 다하여 황제직을 할 것을

하늘과 땅 앞에 엄숙히 맹세합니다.

하늘을 일심으로 공경하고 사랑하며,

오직 정의만을 따르고 애민의 정신으로 황제직을 수행할 것을 다시 한번 맹세합니다.

만인이 환의 황제 됨을 기뻐했다.

다시금 태평성대가 찾아들었다.

환의 황제 즉위식이 끝나고 한 외팔이 중이 수많은 사람들 앞에서 나왔다.

그 중이 소리쳤다.

"네놈들의 도는 어떤 것이냐?"

그 소리는 쩌렁쩌렁해서 하늘을 울렸다.

그 후의 이야기.

익비는 호위대장군 직을 수행하다가 검술 수련을 위해 일본으로 떠난다. 환은 천하를 안정시킨 후 존경받는 학자에게 황제직을 인수한다. 환은 산에 들어가서 보이지 않는다.

영조는 저택에서 하모, 하연과 술을 즐기며 음악 병법을 즐기다 떠난다.

고운은 고구려로 돌아가서 왕위를 계승한다.

경사와 심정은 해적이 되어 배를 타고 세계를 떠돈다.

민중의 붉은 별 마침. 2024

민중의 붉은 별

1판 1쇄 발행 2024년 4월 26일

지은이 이 웅

교정자 신선미 **편집** 김해진 **마케팅·지원** 김혜지

펴낸곳 (주)하움출판사 **펴낸이** 문현광

이메일 haum1000@naver.com **홈페이지** haum.kr

블로그 blog.naver.com/haum1007 **인스타** @haum1007

ISBN 979-11-6440-574-9 (93900)